香江雅集

香港回归祖国 20 周年特展

TREASURES OF HONG KONG

THE 20th ANNIVERSARY OF HONG KONG'S HANDOVER

首都博物馆　编

文物出版社

图书在版编目（CIP）数据

香江雅集：香港回归祖国 20 周年特展 / 首都博物馆
编 . -- 北京：文物出版社 , 2018.9

ISBN 978-7-5010-5563-0

Ⅰ . ①香… Ⅱ . ①首… Ⅲ . ①瓷器—收藏—中国②家
具—收藏—中国 Ⅳ . ① G262

中国版本图书馆 CIP 数据核字 (2018) 第 049393 号

香江雅集

——香港回归祖国 20 周年特展

编　　著：首都博物馆

责任编辑：智　朴
责任印制：陈　杰

出版发行：文物出版社
社　　址：北京市东直门内北小街 2 号楼
邮　　编：100007
网　　址：www.wenwu.com
邮　　箱：web@wenwu.com
经　　销：新华书店
印　　刷：北京雅昌艺术印刷有限公司
开　　本：635mm×965mm　1/16
印　　张：15
版　　次：2018 年 9 月第 1 版
印　　次：2018 年 9 月第 1 次印刷
书　　号：ISBN 978-7-5010-5563-0
定　　价：280.00 元

致　辞

2017 年，香港回归祖国 20 周年。20 年来，香港依托祖国、面向世界，不断塑造自己的现代化风貌，"一国两制"保持了香港繁荣稳定。同时，香港与祖国内地的联系越来越紧密，交流合作越来越深化。

2017 年 9 月 30 日至 12 月 3 日，首都博物馆举办了香港收藏界的展览，展览汇聚了香港收藏界 234 组件展品，以瓷器为主，另有少部分明清家具，其时间跨度从宋代直至明清。

瓷器是中华文明的象征，在其漫长的发展过程中，瓷器烧造技术不断改进和完善，成为精湛工艺和审美情趣完美结合的工艺珍品。瓷器发展史既是民族艺术与科学技术发展史之缩影，也是当时社会生活及文化交流乃至政治、经济的真实反映。宋代是中国瓷器艺术的一个兴盛阶段，到明清时期发展至巅峰。这两个时代的一些代表器形和釉彩在首都博物馆的这次展览中都得到了展现，包括青花、釉里红、斗彩、五彩、粉彩、珐琅彩、单色釉等多种釉色精品，以及装饰各样的器形种类。明清时期同时也是中国古典家具发展史的黄金时代，明清家具不仅在造型、线条上颇具艺术欣赏价值，并且符合人体工程学原理，兼具科学性与实用性。其中，明式家具的风格则是将文人思想注入到日常生活使用的家具设计制作上，追求"文心匠气"、"崇尚简约、弃尽繁缛"的风格和"天人合一、道法自然"的宇宙观。

在香港回归祖国 20 周年这一重要的时间节点里，我们将此展览奉献给观众，期待内地与香港能够有更多的文化资源共享，有更多的交流与合作！同时，此次展览也是首都博物馆与收藏界成功合作的一次探索，感谢香港特别行政区政府康乐及文化事务署对此展的支持！感谢全国政协委员、世界华人收藏家学会名誉会长李秀恒先生等香港友人的倾心付出！感谢促成这次展览的香港人士！希望我们的观众能够理解与喜爱这个展览及配套图录，把它作为认识中国瓷器艺术、古典家具发展脉络和了解文人收藏的一个窗口。

首都博物馆　　党委书记　白　杰
　　　　　　　　馆　　长　韩战明

致　辞

中华文化源远流长，拥有五千多年历史，创造出举世瞩目的璀璨文明成果。古代先辈对工匠技艺的追求至臻至善，工艺品制作堪称"鬼斧神工"，这些文物见证了当时中国科技、文化、工艺的辉煌，放在当今世界上知名博物馆内，都被奉为至宝，实是我们的骄傲。

作为中国人，除了出于对美的追求及欣赏，对这些文物更饱载了一份历史情怀。因此，有机会收藏到难能可贵的文物，实在与有荣焉。

本次的"香江雅集——香港回归祖国 20 周年特展"，主要分为两大部分：瓷器及家具。

在英文中，"China"一词除了表示"中国"，另一个含义就是"瓷器"，由此也可看出中国与陶瓷之间的密切关系。中国陶瓷史最早可追溯至新石器时代，经历了数千年的技术革新，对世界陶瓷生产技术的发展产生了深远的影响。尤其在古代帝制社会之下，一切以皇帝为尊，当时的官窑乃御用之物，可谓集天下资源于一身，利用最好的原料、最佳的工匠、最上乘的设计，制造出绝无仅有的工艺品。这些珍品妥善流传至今，带着历史的烙印，一樽一件皆价值连城。如今帝制已经一去不复返，亦意味着这些专门制造给皇帝赏玩的古玩，已成为"绝版"，数量上只有减不会增加，故从历史研究和文化艺术欣赏的角度，都极具保存价值。

至于古代家具，尤其是明式家具，宝贵之处则在于木材本身的珍稀—如海南黄花梨、紫檀等珍贵的木材，木质细腻、成长缓慢，非百年不能成材，实属可遇而不可求。明式家具看似做工简单却颇具匠心，雕饰不繁而设计巧妙，运用力学计算，不费一钉一铆却十分耐用，而造型简练明快，朴素中显大气，即使放置到现代家居中，亦突出其雅气。

由于种种历史原因，中国不少珍贵文物遭到破损，甚至有些流失海外。而香港作为中西文化汇聚之地，涌现了一批爱国的收藏家，多年来致力于文物的保留、收藏及保育，从世界各地用正当途径购回不少流落海外的国宝级文物，从而使这些珍宝随着香港的回归，亦重新回到祖国的怀抱，在历史研究、文化保育方面有巨大贡献。借着香港回归祖国 20 周年的纪念日，"香江雅集"象征着这批文物珍藏回归祖国，与同胞欣赏，一起见证历史，意义重大。

本次"香江雅集"特展得以完满举办，须衷心感谢各单位及好友的努力及支持。期望日后亦能继续携手，共同为推广中华文化作出贡献。

李秀恒

致　辞

值香港回归祖国二十周年之际，"香江雅集"特展在首都博物馆隆重开幕，来自香港的 234 组件展品与观众见面，为这一举国同庆的盛事献上佳礼。

在众多的展品中，瓷器无疑是最为耀眼的部分。走进展厅，首先映入眼帘的是来自官窑、哥窑、龙泉窑、景德镇窑、吉州窑、建窑、定窑、磁州窑、钧窑等众多宋元时期南北方窑口的瓷器，让观众得以领略清雅的单色釉，多彩的窑变釉及复杂的彩绘、刻花、贴花等装饰瓷器。其中或造型优美、端庄，或极尽工巧，各有所长。名窑迭出，佳品纷呈，大俗大雅，亦是大美所在。

数量可观的元代青花瓷及明清官窑瓷器汇聚一堂，构成一组组美丽的场景。众所周知，青花瓷滥觞于元代，并很快的步入成熟期，为明清两代青花瓷艺术的高度发展奠定了坚实的基础。本次展览展出的数件元青花即是元代瓷器中的上乘佳作。品种各异、数量众多的明清官窑瓷器，如青花、斗彩、粉彩、珐琅彩、各式颜色釉等，色彩缤纷，制之精巧。透过这些器物，我们能够感受到精工细作的御窑时代所取得的高度艺术成就。

值得一提的是，在众多的展品中有不少是第一次公开展出，更有数件是传世孤品，弥足珍贵。

除了瓷器之外，此次展览还特意甄选了十余件家具，有案、椅、柜、床等，意在营造出古朴典雅的氛围。

香港地区收藏的古代艺术精品得以集中展示，尤其是在香港回归祖国 20 周年之际，更突显了重要的意义。这样一个高水准的展览离不开主办方和工作人员的辛勤努力及香港收藏家们的大力支持，大家热情高涨，携手共进，方得此效果，在此致以崇高的敬意！

"香江雅集"，也可说是"集"在香江，"雅"在中华。大匠精神造大器，我们现在提倡大匠精神，需要从这些浓缩着古人智慧的精美艺术品中去感悟。从实物出发，弘扬我们国家优秀的物质文化。

现今，这些珍品即将集结成册，愿那些美好的画面和珍贵的记忆定格在这本厚厚的书中，得以延续。

翟健民

目　录

前　言　001

第一章
瓷　器　003

第一单元
纯正鲜丽的色釉瓷　005
莹润的青釉　006
黑白的艺术　042
缤纷的世界　062

第二单元
清丽幽菁的青花瓷　079
栩栩如生动物纹　080
自然意趣花草纹　100
惟妙惟肖人物纹　132
寓意深远宗教纹　140

第三单元
浓淡相宜的彩瓷　147
斗彩　148
五彩及素三彩　160
粉彩　168
珐琅彩　206

第二章
家　具　213

结　语　230

前　言

收藏是人类特有的天性，为了满足精神上的某种需求，或赏玩，或研究，或追忆，从旧石器时代个人装饰品骨珠、砾石的收藏到清代蔚为壮观的皇家收藏，收藏活动始终伴随着人类的成长。

若追溯起源，今天意义上的收藏始于宋代收集和研究铜器石刻之风，金石学的兴起带动了对古物收藏、鉴赏和研究的发展。刘敞的《先秦古器图碑》、欧阳修的《集古录》、赵明诚的《金石录》、吕大临的《考古图》等著述足见宋代文人对收藏品鉴活动之热衷。明清两朝，复古之风尤盛，不仅帝宦显贵、文人雅士，一些商贾富室也竞相追逐认同，民间收藏掀起热潮。

"东方之珠"香港，是繁荣的国际大都会之一。自 20 世纪八九十年代，香港就已成为世界三大艺术品交易中心之一。凭借"一国两制"的制度及背靠祖国面向世界的有利地理位置优势，香港在世界民间收藏领域中，地位举足轻重。

欣赏是一种态度，收藏是一种生活方式。在香港回归祖国 20 周年之际，愿此展览带领我们一睹香港收藏界的芳华。

第一章

瓷器

纯正鲜丽的色釉瓷

在我国制瓷史上，青釉瓷是最早出现的。唐代，在南方越窑青瓷繁盛发展的同时，北方也出现了相当成熟的白瓷，形成了"南青北白"的局面。自元代开始，景德镇全面发展了色釉瓷生产。至明代，已有青、白、红、黑、蓝、黄、绿各种色釉瓷。清代，色釉瓷的生产开创了新局面，不论是以氧化铜为着色剂的高温红釉中的豇豆红、祭红、郎窑红釉，还是以氧化铁为着色剂的天青、冬青、粉青釉，亦或以氧化钴为着色剂的天蓝釉，以及低温黄釉、绿釉等，都达到了釉色纯正、色调稳定的水准。

莹润的青釉

青釉是中国瓷器上最早出现的釉色，许之衡在《饮流斋说瓷》中写道："古瓷尚青，凡绿也、蓝也，皆以青括之。"青釉在宋元时期发展到顶峰，釉色古雅、沉稳，釉面均匀、滋润，釉质坚致、细腻。

宋代的著名瓷窑，如汝窑、钧窑及官窑，皆追求釉色深沉、光洁莹澈的视觉效果。尤其是官窑瓷器古拙刚劲的造型，自然天成的开片纹饰，温润如玉的天青釉色，将庄重典雅的美学艺术与天然和谐的哲学理念融为一体。

明清时期，受宋代以来文人"尚古"观念的影响，仿古之风盛行，仿制的对象主要是宋代汝、官、哥、定、钧、龙泉等名窑的青釉瓷器。尤其是清代雍正、乾隆年间，仿古瓷器的种类和数量蔚为可观，造型精美，工艺精湛。

001

哥窑八方贯耳瓶

南宋（1127 ~ 1279 年）

高 26.6 厘米

此瓶仿古代青铜贯耳壶造型，釉面莹
润，通体布满细碎开片，深灰色似铁
线的大纹片及淡黄色类金丝的小纹片
交错，即所谓"金丝铁线"，是传世
哥窑瓷器的典型特征，但哥窑的制作
年代和窑址尚存争议。

002

哥窑小杯

南宋（1127～1279年）

直径 6.9 厘米

此杯施较厚青釉，釉面莹润光
亮，通体布满大小不等的开片，
呈现典型"金丝铁线"的特征，
底足刮釉。

003

仿哥釉杯

明成化（1465～1487年）

高 5.3 厘米，直径 7.7 厘米

杯呈十六瓣菊花式，通体施仿宋哥釉，釉质
肥润，釉层开片，足边施深褐色釉。足外底
书青花"大明成化年制"六字双行楷书款。
仿哥釉瓷器是明清两代因仿制宋代哥窑瓷的
釉色、釉质和开片纹而产生的一类瓷器。明
代永乐时期御器厂仿哥釉器获得成功，以后
各朝仿哥釉产品不断。

官窑小杯

南宋（1127 ～ 1279 年）
直径 7.5 厘米

此杯釉色略偏粉青，通体布满铁线开片，疏朗自然。底足无釉呈黑褐色，杯小而制作精致。

005

官窑花瓣形碗

南宋（1127 ～ 1279 年）
直径 8 厘米

此碗为五瓣花式，釉面莹润光亮，布满细碎开片，构成独特的装饰手法。底足无釉呈褐色。

006

钧窑天蓝釉红斑杯（一对）

金（1115 ～ 1234 年）
口径 8.6 厘米，足径 4 厘米，高 4.3 厘米
口径 8.8 厘米，足径 3.3 厘米，高 4.2 厘米

钧窑的烧造年代历宋、金、元以迄明代。窑址遍
布于今河南省临汝县及禹县，古属钧州。钧窑器
以釉色厚润瑰丽著称，在月白或天青釉的地色上，
利用铁和铜作为呈色剂，烧制出灿烂的海棠红或
玫瑰紫彩斑。这种幻变多姿、光怪陆离的窑变效
果为钧窑的一大特色。

钧窑天蓝釉鸡心罐

金（1115～1234 年）

高 9.5 厘米

钧窑月白釉紫斑罐

金（1115 ~ 1234 年）
高 16.5 厘米

009

钧窑天蓝釉扁壶

元（1271 ~ 1368 年）
宽 23.5 厘米，高 8.5 厘米

扁壶施天蓝色釉，釉层凝
厚，布满小开片和大小不
等的棕眼。壶下部天蓝釉
泛紫蓝色，釉薄处呈褐绿
色，釉质光润，施釉近足，
胎体呈棕褐色。

钧窑天蓝釉紫斑冲天耳三足炉

元（1271 ～ 1368 年）

高 20.3 厘米

011

钧窑月白釉公道杯

元（1271 ~ 1368 年）

直径 10.3 厘米

公道杯又名漏水杯，公道杯盛酒最为公道，盛酒时只能浅平，不可过满。据说古时人们曾用公道杯对付贪酒者，斟酒如超过高度，则会全部漏光。此杯内拱形结构，并有孔隙供水流入，杯中注水，孔内小人便随之浮现，精巧奇趣。

012

钧窑玫瑰紫釉莲瓣洗

明（1368～1644 年）

直径 23.8 厘米

此洗外为玫瑰紫色釉，里为天蓝色釉，底为酱色釉，洗心釉面有明显的小曲线，是胎釉在加热烧制过程中膨胀和收缩系数不同所致，又称"蚯蚓走泥纹"，为钧窑独有的特点。三云头足与器形搭配和谐，与绚丽的玫瑰紫色釉相配，显出器物的精美。

013

龙泉窑青釉弦纹盘口瓶

南宋（1127 ~ 1279 年）

高 27.2 厘米

龙泉窑创烧于晚唐五代时期，早期主要受到越窑的影响，南宋时得到极大发展。广泛采用厚釉工艺，生产出了青翠欲滴的梅子青，代表了中国古代青瓷生产的最高水平。此后，龙泉窑的生产日益繁荣，引领中国古代青瓷生产数百年之久，并且在瓷器外销中占据了重要地位。

此瓶盘口，颈部有凸起弦纹，通体施粉青色釉，釉色柔和淡雅，温润如玉。瓶身修长，造型古朴大方，装饰简洁大气，恰合宋代文人士大夫复古的追求及崇尚清雅的艺术品位。

014

龙泉窑青釉琮式瓶

元（1271～1368 年）

高 27.2 厘米

琮式瓶出现于南宋，这种瓶式系仿照
古代玉琮外形并加以变化而成，器形
古朴敦厚。

015

龙泉窑青釉玉壶春瓶

明洪武（1368 ～ 1398 年）

高 31 厘米

全器施青釉，釉色呈梅子青色，温润
如玉，足削平外露胎质，胎质细腻，
胎体较厚。此瓶器形饱满而挺拔，线
条优美，属龙泉窑玉壶春瓶精品之作。

016

越窑青釉刻海涛莲荷纹盖盒

北宋（960 ～ 1127 年）

直径 13.5 厘米

此盒通体施青釉，盒面刻海涛莲荷纹。

胎质坚硬，造型规整，为典型越窑产品。

017

青白釉菊瓣形公道杯

北宋（960 ~ 1127 年）

直径 11.9 厘米

杯呈菊瓣形，平底。杯内隆起，上有
小孔，底开四孔，以便入水，其外剔
刻花蕊，其内中空，置一活动小人于
其中。当杯中注水时，小人即会因浮
力升出，并加旋转，或因小人停落方
向决定饮者。

018

青白釉刻"龟鹤遐龄" 花口盏连托（一套）

宋（960～1279 年）

碗直径 16 厘米，碟直径 19.6 厘米

盏与托均为花式口，盏青白釉，
莹润光亮，积釉处闪青。盏内刻"龟
鹤遐龄"图，比喻长寿。托内刻
双层花瓣装饰。

019

青白釉莲蓬形盖碗连碟（一套）

宋（960～1279年）

直径 14.5 厘米

莲蓬形盖，莲瓣形托，碗外壁饰规整的篦划纹
一周，口沿有尖状凸起一周。胎体洁白细腻，
通体施青白釉，釉面莹润光亮。

020

青白釉印双凤纹斗

宋（960～1279年）

直径 17.5 厘米

碗斗笠式，印花装饰，内
沿处饰回纹一周，内饰双
青白釉莹润光亮，积釉处
点淡青色。

021

青白釉刻花卉纹斗笠碗

宋（960 ～ 1279 年）

直径 17.8 厘米

碗斗笠形，内壁刻团花纹，刻花
细致。通体施青白釉，釉色晶莹。

022

青白釉印婴戏纹斗笠碗

宋（960 ～ 1279 年）

直径 26.2 厘米

碗斗笠形，内壁印花装饰，三个
婴儿游戏于缠枝花丛中。通体施
青白釉。

青白釉瓜形注壶、温碗

宋（960～1279年）

直径 18.5 厘米

024

青白釉八棱注壶、温碗（一套）

宋（960 ～ 1279 年）

高 26.5 厘米

此类器物为宋代温酒器具。注壶、温碗为盛
酒和温酒的配套酒具，饮酒前先将壶置于碗
中，碗中盛热水用于温酒。

025

官窑青釉海棠式花盆

元（1271～1368年）

长径为24.1厘米

花盆呈海棠式，通体施青釉，
莹润光亮，釉面开大小不等的
细碎开片，造型规整而端庄。

026

仿汝釉刻螭龙纹大盘

清雍正（1723 ～ 1735 年）

口径 50.5 厘米

此盘通体施以天青釉，釉质莹润，釉色纯净。盘心有一条腾跃于云中的螭龙，以模印结合剔刻手法制成，外壁刻莲瓣纹，纹饰剔刻均匀规整。圈足露胎处施酱色护胎釉，盘底中心以青花书写"大清雍正年制"三行六字篆书款。

027

仿汝釉鸠耳尊

清雍正（1723～1735年）

高 33.7 厘米

此尊通体施天青色仿汝釉，釉面明净，造型圆润流畅、古朴典雅，为仿宋代汝窑名品。鸠耳尊为清代雍正、乾隆时期特有的造型，青花、斗彩、窑变、仿官、仿汝、仿哥釉等品种均有所见。鸠耳含有长寿之意，《后汉书·礼仪志》有"八十九十，礼有加赐。玉杖长九尺，端以鸠鸟为饰。鸠者，不噎之鸟也。欲老人不噎……"之记载。汉代对八九十岁的老人特加优礼，赐以刻有鸠鸟的玉杖，因为鸠是不噎之鸟，希望老人吃饭不噎，健康长寿。器底以青花书写"大清雍正年制"六字三行篆书款。

028

仿汝釉如意耳尊

清乾隆（1736～1795 年）
高 29.5 厘米

此尊通体施仿汝釉，器身光素不加雕饰，釉面厚润柔和，釉层布满稀疏开片，双耳及口沿处釉层较薄，露出褐色胎体，极富天然韵致。器底以青花书写"大清乾隆年制"六字三行篆书款。宋代是单色釉瓷器发展的巅峰，五大名窑之中尤以汝窑为首。由于宋瓷传世珍稀，明清时期御窑厂都曾以宋代名窑瓷器为样本进行大量仿制。

029

仿汝釉束口八方瓶（一对）

清乾隆（1736 ～ 1795 年）

高 33 厘米

瓶为不等边的八方形，俗称八方一
统瓶。通体施仿汝釉，釉面滋润，
发色淡雅，造型凝重端庄。器底以
青花书写"大清乾隆年制"六字三
行篆书款。

030

仿汝釉盘口八棱瓶

清乾隆（1736 ~ 1795 年）

高 21.3 厘米

瓶盘口、长颈、鼓腹，颈部至腹部
有四组弦纹，腹部装饰八组凸棱，
每组凸棱三条。圈足呈八方形，足
端平切且较宽。通体施淡天青色仿
汝釉，釉面布满细碎开片，清澈晶
莹。器底以青花书写"大清乾隆年
制"六字三行篆书款。

031

仿官釉盘口八棱瓶

清乾隆（1736 ～ 1795 年）
高 21.5 厘米

通体施仿官釉，釉面莹润光亮。颈部
有凸起的弦纹。官窑瓷器不崇尚花纹，
一般只是在器身装饰以平行弦纹。造
型简洁雅致。器底以青花书写"大清
乾隆年制"六字三行篆书款。

032

仿官釉弦纹瓶

清雍正（1723 ~ 1735 年）

高 19.2 厘米

瓶内外均施仿官釉，足边无釉露出黑
褐色胎骨，瓶腹部凸起数道弦纹装饰，
具有韵律感，使单一色釉增添了起伏
变化，造型秀美。器底以青花书写"大
清雍正年制"六字三行篆书款。

033

仿官釉三孔葫芦瓶

清乾隆（1736 ~ 1795 年）

高 20.3 厘米

三个葫芦形相合，每面 120 度，形制
一致，上有三孔。通体施仿官釉，釉
面莹润光亮，造型优雅。从整体造型
看似为三葫芦和合而成，但口部为
独立之管，故从某一侧面看会造成三
个葫芦独立分开的错觉。器底以青花
书写"大清乾隆年制"六字三行篆书款。

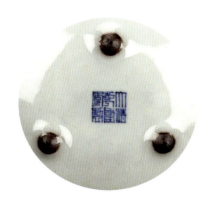

034

仿官釉双系花囊

清乾隆（1736 ～ 1795 年）
高 7.6 厘米

通体施仿官釉，浅淡的开片纹布
满器身。花囊圆折腹，肩部附环形
双耳，腹下斜收，下承三足。腹下
有一圈凸起的乳钉装饰。器底以
青花书写"大清乾隆年制"六字三
行篆书款。花囊是插花的器物，此
器形始见于雍正朝。

仿官釉桃形洗

清乾隆（1736 ～ 1795 年）

长 16 厘米

此洗取折枝寿桃为形，大桃为用，化
作洗膛，小桃为饰，依傍枝头。秀叶
舒卷自如，更添雅韵。底部以青花书
写"大清乾隆年制"六字三行篆书款。
别出心裁的设计，配以静穆温润的官
釉，给人以清新自然之感。

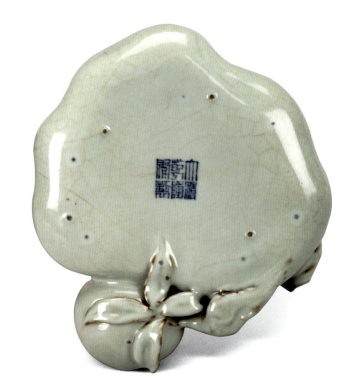

036

粉青釉三系荸荠扁瓶

清雍正（1723 ～ 1735 年）

高 14 厘米

此瓶因造型似荸荠而得名。通体施粉青釉，釉面莹润光亮，折腹处有两道弦纹。器底以青花书写"大清雍正年制"六字三行篆书款。

粉青釉六棱大口尊

清雍正（1723 ～ 1735 年）

高 13.5 厘米

此尊六方倭角，折肩，覆钵式圈足。
通体施粉青釉，足端露胎，胎质洁白
细腻，肩部饰一道凸弦纹，器足内
以青花书"大清雍正年制"六字三行
篆书款。

038

粉青釉五孔琮式瓶

清乾隆（1736 ~ 1795 年）

高 29 厘米

瓶肩部设计四孔，中间开一
大孔，孔与器身相通。通体
施粉青釉，瓶身有三组凸弦
纹，外底以青花书写"大
清乾隆年制"六字三行篆
书款。

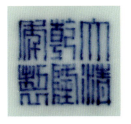

039

粉青釉浮雕缠枝莲纹绶带耳葫芦瓶

清乾隆（1736～1795年）

高 27 厘米

瓶为葫芦式，因双耳造型似飘扬的丝带，故称绶带耳。通体施粉青釉，瓶身剔雕缠枝莲纹，外底以青花书写"大清乾隆年制"六字三行篆书款。

040

冬青釉刻暗八仙纹双耳瓶

清乾隆（1736～1795 年）

高 23.5 厘米

冬青又称"东青"，许之衡《饮流斋说瓷》云："仿紫者，曰东窑。宋建于东京，东青所由得名也。"现在一般将呈色深且浓者称为"豆青"，色泽稍淡、青中泛绿或蓝者称为"冬青"，色泽更淡，青中泛粉白者称为"粉青"。此瓶施冬青釉，釉面莹润光亮，器身刻暗八仙纹。用八仙手持之物代表各位神仙，而不直接出现人物，称为暗八仙。外底暗刻"大清乾隆年制"六字三行篆书款。

黑白的艺术

白瓷的问世，是制瓷业的又一次飞跃。唐代北方大批白瓷窑出现与发展，定窑继邢窑成为北方著名的白瓷窑，定窑白瓷制作精美，造型优雅大方，釉色洁白，追求和谐凝重的美感。在宋代斗茶之风的影响之下，福建的建窑，江西的吉州窑以及北方的定窑、耀州窑、磁州窑等纷纷烧制黑釉茶盏，黑釉茶具开始流行。而以白地黑花为典型风格的磁州窑更是将黑与白的艺术演绎得近乎完美。

041

登封窑白釉剔花执壶

北宋（960～1127年）

口径10.2厘米，底径8.5厘米，高23.1厘米

登封窑位于河南登封县曲河村，创烧
于隋唐，北宋达到鼎盛。以烧造白瓷
为主，兼烧黑釉瓷、黄釉瓷及三彩陶器，
以白釉珍珠地划花及白釉剔花最具特
色。此壶浅褐色胎，白釉光润，泛青黄。
肩颈部刻尖莲瓣边饰，腹部剔刻缠枝
牡丹纹。

042

定窑白釉茶具（一套）

北宋（960 ~ 1127 年）

注壶高 22 厘米

定窑窑址位于河北曲阳涧磁村和东、西燕川村附近，宋代属定州，故名定窑。
定窑创烧于晚唐，盛于北宋，产品以白瓷为主，兼烧绿釉、酱釉及黑釉瓷。装
饰手法有刻花、划花、印花及剔花。定窑白瓷造型工整素雅，胎质洁白坚细，
釉色淡雅润泽，纹饰丰富多彩。

043

定窑刻莲瓣纹执壶

北宋（960～1127年）

口径10.3厘米，腹径14.7厘米，底径8.8厘米，
高23厘米

白釉微闪青，晶莹光润，裹足刮釉。肩部
划半圆形团花，腹部刻三层莲瓣纹。执壶
柄为绞索形。

044

定窑白釉印花金扣斗笠碗

金（1115 ~ 1234 年）

口径 17.3 厘米，底径 3.6 厘米，高 4.3 厘米

白胎细腻坚致，白釉略呈牙黄色，外壁有泪痕，施满釉。内壁有印花装饰，最外层为回纹装饰，主体纹饰为缠枝牡丹纹，碗心为朵花。定窑首创了将盘、碗之类的瓷器颠倒过来烧制的"覆烧法"，为了防止釉体黏连，在入窑前刮掉口边的釉，所露出的胎骨即是"芒口"。芒口瓷因其口沿无釉有毛涩感，影响使用效果。为了弥补这一缺点，用金、银、铜镶饰其口，称为扣金、扣银、扣铜。同时加金扣也是一种等级身份的象征。

045

白釉暗刻"一把莲"纹大盘

明永乐（1403 ~ 1424 年）

口径 33.8 厘米

此盘胎较薄，施肥腴白釉，温润如玉，刻花等聚釉处微泛青。圈足及底无釉，胎因铁质氧化呈火石红色。盘心刻饰莲花、红蓼、香蒲、莲蓬、茨菇、浮萍等水藻植物，以缎带扎束在一起，随水波荡漾，称作"一把莲"，器内及外壁以牡丹、山菊、茶花、莲花相衬托，内外口沿下俱刻卷草纹一道。

甜白釉钵

明宣德（1426 ~ 1435 年）

直径 26.3 厘米

钵内外施甜白釉，莹润光亮，内心青花双圈内书"大明宣德年制"六字双行楷书款。

047

德化窑浮雕饕餮纹扁足鼎式方炉

清康熙（1662 ~ 1722 年）

高 15 厘米，带座高 28 厘米

炉仿青铜鼎式样，器身凸雕回纹、双螭龙及饕餮纹，足上刻以双"S"形纹。德化窑位于福建省德化县，创烧于宋代，主要烧制青瓷和青白瓷，釉质光润细腻、白如凝脂，且白色中隐现粉红色，有"象牙白"之称。清代德化白瓷成为外销瓷器的重要品种，产量不断扩大，样式更趋华丽。

048

甜白釉暗花执壶

明永乐（1403 ～ 1424 年）

高 30 厘米

永乐白釉瓷因其釉质洁白，温润如玉，故有"甜白"之称。此壶壶身呈玉壶春瓶式样，腹一侧设长弯流，流与颈之间以云形板连接，另一侧置曲柄，器形雍容。此壶通体施白釉，釉下暗刻花纹，纹饰清晰生动。

049

吉州窑树叶纹黑釉盏

宋（960 ～ 1279 年）

口径 15.2 厘米，高 5.4 厘米，足径 3.6 厘米

为了观茶色和斗茶风尚的需要，宋代开始大量
烧制黑釉茶盏。蔡襄《茶录》中提到："茶色白，
宜黑盏"，赵佶《大观茶论》中也有记载："盏
色贵青黑，玉毫条达者为上"。宋代流行点茶，
先将茶叶碾制成粉末，再将茶末直接放入茶盏
中以水注点，并用茶筅击拂搅拌饮用。黑釉茶
盏口大底小，黑釉能衬托出茶汤之色，且可清
楚看出"咬盏"及"水痕"的情况。因此，黑
釉茶盏在当时受到了上至帝王将相、达官贵人、
文人雅士，下至普通百姓的广泛青睐。

吉州窑位于江西省吉安市永和镇。吉安古称庐
陵、吉州，元代始称吉安，永和镇旧名东昌，
故吉州窑原以地名称"永和窑"或"东昌窑"，
始于五代，兴盛于宋，所烧品种相当丰富，以
具有禅趣的桑叶盏、别具一格的漏花、玳瑁、
剪纸贴花以及黑釉褐斑、鹧鸪斑等最负盛名。

050

吉州窑黑釉斗笠碗

宋（960 ～ 1279 年）

口径 14.5 厘米

051

吉州窑剪纸贴花双凤纹斗笠碗

南宋（1127 ~ 1279 年）

口径 14.5 厘米

吉州窑的"剪纸贴花"装饰是以一种特殊的工艺手法，将民间剪纸艺术移植到黑瓷釉面上，所见有鸣鹊、飞蝶、奔鹿、鸾凤对舞，以及梅、兰、竹、菊等各种不同花卉、珍禽的剪影，堪称巧夺天工、生趣盎然。其做法是先在器物上施一层氧化铁含量较高的黑釉，将花纸贴上，再施一层氧化铁含量较低的黄褐色釉，将花纸揭掉，入窑经高温烧成后，花纸纹样就装饰在器物上了。

052

吉州窑剪纸贴花斗笠碗

宋（960 ～ 1279 年）

口径 14.5 厘米

053

吉州窑剪纸贴花栀子花纹斗笠碗

宋（960 ～ 1279 年）

口径 14.8 厘米

胎稍粗而坚硬。剪纸贴花装饰，盏内饰栀子纹花两层，内层六个，外层九个。

054

磁州窑黑釉酱斑斗笠碗

北宋（960～1127年）

直径 16.5 厘米

在北方的民间瓷窑中，以河北邯郸磁县观台镇的磁州窑最具代表性。磁州窑是一个烧瓷品种多，富于创造性的综合性瓷窑。早期主要烧制素白釉瓷，并有白釉划花、刻花、剔花等装饰；后期尤以白釉绘黑花最为出色，花纹洗练生动，具有浓郁的民间生活气息。

055

磁州窑黑釉白口碗

金（1115～1234年）

口径 14.2 厘米

建窑曜变盏

宋（960 ～ 1279 年）

口径 12.5 厘米

瓷器在烧制的过程中非人力所为，而由于火的艺术，使釉色变幻莫测、光怪陆离、绚丽多彩，称为"窑变"。而曜变一词和实物多见于日文图书，日本学者在《天目》一书中说："曜变，是在挂有浓厚黑釉的建盏里面，浮现出大小不同的结晶，而其周围带有日晕状的光彩者。""曜"与"窑"同音异韵，是否"窑变"或是"窑变而曜然"之物的别称，尚待进一步考证。

建窑黑釉盏

宋（960 ～ 1279 年）

口径 13 厘米，高 7 厘米，足径 3.9 厘米

建窑是宋代福建地区专烧黑釉茶盏的著名瓷窑，此盏黑褐色胎，粗而坚硬。通体施黑釉，光亮如镜，施釉近足，釉面呈现大小不等、斑驳的油滴纹。

058

定窑酱釉斗笠碗

宋（960～1279年）

口径13.5厘米

宋代北方瓷窑普遍烧制酱釉，如河北定窑、

磁州窑，河南修武窑、宝丰窑、鲁山窑，陕

西耀州窑，甘肃安口窑，山西介休窑等。

059

定窑黑釉鹧鸪斑纹斗笠碗

北宋（960～1127年）

口径17厘米，底径4.1厘米，高4.7厘米

白胎，微微泛灰，细腻坚致。黑釉

略泛紫褐色，极其光亮。施釉至足

中部，黑釉上有酱彩装饰，形成熔

融的条状纹路。口边部因釉薄，呈

现出黄白色。

060

白釉褐彩胡人吹笙壶及温碗（一套）

辽（907 ～ 1125 年）
壶高 20 厘米

壶上半部塑成胡人吹箫的形象，以褐彩描绘胡人五官、衣纹，胡人脖颈后部至壶上腹部置一流耳形曲柄。腹部下方刻划数道线条。温碗葵口外撇，深腹，圈足，外壁刻划双层莲瓣纹。

061

磁州窑白地褐彩草叶纹花口瓶

金（1115～1234年）

高 57 厘米

花口，长颈，球形腹，斜直喇叭形足。通体饰以白地黑花草叶纹，从颈至足，共有六层装饰，每层装饰间以宽弦纹隔开。其造型端庄，形制新颖，深黑褐彩与白地互衬，对比鲜明。

062

磁州窑刻划"风花雪月"
"酒色财气"梅瓶（一对）

宋（960～1279 年）

高 39.5 厘米

梅瓶采用白地绘黑花与划花装饰结合，口沿较厚，颈部窄短，肩腹曲线圆润自然，瓶身修长挺拔。肩部以黑彩绘卷草纹，表现出黑白相间的流畅与自然，腹部以白釉划花工艺刻划出"风花雪月""酒色财气"，线条粗放遒劲，卷草纹枝叶舒展，生动自然。

063

磁州窑白釉珍珠地刻花梅瓶（一对）

宋（960～1279年）

高28厘米

磁州窑黑釉梅瓶

宋（960～1279年）

高 30.5 厘米

磁州窑黑釉凸线纹橄榄瓶

宋（960～1279年）

高 30.2 厘米

缤纷的世界

清代康熙、雍正、乾隆三朝，集历代颜色釉烧造之大成，仿古超古，创新有新。唐英于雍正十三年撰写的《陶成纪事碑记》记载："御窑厂能烧制的釉、彩共五十七种，形制亦包罗万象……"清代宫廷注重颜色釉的烧造，原因有两方面，一是祭祀所用的瓷祭器历来以颜色釉为主；二是宫廷用色釉瓷器有专门的规定，满足皇帝及后宫不同等级用色需要。

颜色釉釉质纯净典雅，釉面晶莹温润。红色热烈奔放，蓝色深沉静谧，黄色尊贵雍容，紫色神秘高贵，它不事雕琢的天然意趣虽少了些人工匠意，却以其丰富的颜色让生活更为多彩。

066

郎窑红釉瓶

清康熙（1662 ～ 1722 年）

高 10.8 厘米

郎窑红因烧成于郎廷极督理景德镇窑
务时期而闻名，又称郎红。康熙郎窑
红釉瓷器的特点是：造型挺拔，釉色
鲜艳，釉层较厚，釉面光亮且开有细
碎片纹。

郎窑红釉观音尊

清康熙（1662～1722年）
高43.5厘米

郎廷极（1663～1715年），字紫衡，号北轩，康熙四十四年（1705年）出任江西巡抚，期间监理景德镇陶务。他在任期间，仿古创新，建树颇多。在模仿明宣德宝石红釉基础上，成功烧制出高温铜红釉—郎窑红釉。观音尊是康熙郎窑红釉瓷器中的典型器物。

068

苹果青釉观音尊

清康熙（1662 ~ 1722 年）

高 44.4 厘米

尖圆唇，口微侈，宽长颈，
圆溜肩，长曲腹，腹下渐收，
足端外撇。胎体细腻坚致，
外施苹果青釉，莹润光亮，
局部有小开片，内施白釉。
苹果青又称"郎窑绿"，
它是和"郎窑红"同时存
在的品种。同类器的胎、型、
足等方面，郎窑绿与郎窑
红基本一致。

豇豆红釉盒

清康熙（1662～1722年）

直径 7.1 厘米

豇豆红釉属于高温铜红釉的一种，烧成难度很大。豇豆红因其釉色滋润，红如豇豆皮而得名。又因颜色娇艳有如幼儿红面、三月桃花、美女红颊，故又有"娃娃脸""桃花片""美人醉"的美称。后人描述它为："绿如春水初生日，红似朝霞欲上时。"豇豆红釉器皿多为各类小瓶及文房用品，器形有菊瓣瓶、观音瓶、莱菔瓶、太白尊、印盒、水丞等。

盒呈扁圆形，盒盖和盒身子母口相接。外壁施豇豆红釉，红中带绿。底心施白釉，中心以青花书写"大清康熙年制"六字三行楷书款。

070

豇豆红釉太白尊

清康熙（1662 ～ 1722 年）
底径 12.6 厘米

豇豆红釉，其色淡粉，红色深浅渗浸，
并散缀有绿色苔点。腹部有团形刻
花装饰。底部以青花书写"大清康
熙年制"六字三行楷书款。

071

豇豆红釉柳叶尊

清康熙（1662 ～ 1722 年）
高 15.6 厘米

通体施豇豆红釉，釉面莹润
光亮，浓淡不一，底书青花"大
清康熙年制"六字楷书款。

香
港
回
归
祖
国
20
周
年
特
展

072

豇豆红釉莱菔尊

清康熙（1662 ～ 1722 年）

高 20.6 厘米

通体施豇豆红釉，颈部饰两道弦
纹，凸起处露白。底部施白釉，
以青花书"大清康熙年制"六字
三行楷书款。

073

豇豆红釉菊瓣瓶

清康熙（1662 ~ 1722 年）

高 21 厘米

通体施豇豆红釉，间或釉色粉红，下腹绿色苔点明显。底部施白釉，以青花书"大清康熙年制"六字三行楷书款。近底处饰菊瓣纹一周，故名菊瓣瓶。此瓶釉色淡雅宜人，苔点与红釉相映成趣，器形饱满，曲线优美，典雅之气外溢。

074

胭脂红釉暗花龙纹茶圆

清雍正（1723 ~ 1735 年）

直径 9.5 厘米

通体施胭脂红釉，釉下有暗花龙纹装饰，足底有青花"雍正年制"四字楷书款。胭脂红釉创烧于康熙末年，雍正、乾隆、嘉庆、光绪等朝均有烧造，其中以雍正朝产量最大、质量最精。它是一种以微量金作为着色剂，低温焙烧而成的低温红釉。由于这种红釉是从欧洲传入的，故被称为"洋金红"或"西洋红"。又由于这种红釉呈色犹如妇女化妆用胭脂之色，故又名"胭脂红"。

075

天蓝釉六方瓶

清乾隆（1736 ~ 1795 年）

高 48 厘米

天蓝釉为清代康熙年间景德镇御窑厂所创烧。因其釉色浅淡，浑然一色，恰似蔚蓝天空之色而得名。天蓝釉的特点是呈色稳定，色调淡雅匀净，使人赏心悦目，康熙以后各朝官窑多有生产。

076

茶叶末釉玉壶春瓶

清乾隆（1736 ～ 1795 年）

高 21.6 厘米

瓶通体施茶叶末釉，圈足内阴刻"大清
乾隆年制"六字三行篆书款。茶叶末之
得名，是因在暗绿色的底釉中闪耀着许
多美丽自然的黄色星点，犹如将茶叶研
成细末调在釉里。

077

窑变釉弦纹瓶

清雍正（1723 ~ 1735 年）

高 24 厘米

窑变釉是景德镇御窑厂在仿钧窑基础上所繁衍出的一个新品种。在高温还原气氛中烧成后，多种金属离子同时发色，致使各种釉色相互交融、自然流淌。此器造型端庄沉稳。底部暗刻"雍正年制"四字篆书款。

078

窑变釉三系瓶

清乾隆（1736 ～ 1795 年）

高 12.3 厘米

此瓶短束颈，下附三环形系，
通体施窑变釉，底心刻"大清
乾隆年制"六字三行篆书款。
窑变釉属高温釉，以紫红釉为
主体，同时釉层中还出现浅蓝、
月白等多种颜色，釉色自然流
淌，互相交融。

炉钧釉双夔耳盘口瓶

清乾隆（1736～1795年）

高22厘米

此瓶胎质细腻坚致，瓶体满施炉钧釉，釉面肥润，造型古朴敦厚。炉钧釉是景德镇御窑厂在清雍正年间仿钧窑而烧制出的一种低温釉。炉钧釉色调丰富，有月白、钧红、朱砂红、紫红及蓝色。

宝石蓝釉大缸

清雍正（1723～1735年）

直径39厘米

缸形制硕大饱满，唇口内收，丰肩敛腹。器外壁通
体施霁蓝釉，内壁及口沿施白釉，釉色通透洁净，
白中闪青。外底以青花书写"大清雍正年制"六字
三行篆书款。明清时期蓝釉俗称"霁蓝"，它是以
一定量的含钴物质作为着色剂掺入釉中在高温下一
次烧制而成。其特点是釉面不流不裂，浓淡一致，
釉质肥腴，呈色稳定明亮如宝石，故又称"宝石蓝"。

松石绿地金彩龙纹贲巴壶

清乾隆（1736～1795 年）

高 19.6 厘米

盘口，细颈，弯曲的壶流，无执柄，球腹下承喇叭形足，足底施金釉，内刻"大清乾隆年制"六字三行篆书款。整体给人以庄严肃穆之感。贲巴壶造型是由藏族金属制品演变而来。"贲巴"为藏语音译，梵音原作"军持"，即藏语"瓶"之意。

082

霁蓝釉描金龙穿花纹洗

清乾隆（1736 ~ 1795 年）

高 12 厘米

此洗通体以霁蓝釉为地，口沿描金如意云头纹，底部饰莲花瓣纹一周，腹部以金彩描绘番莲和螭龙纹。内壁及足底施松石绿釉，底部以红彩书写"大清乾隆年制"六字三行篆书款。

清丽幽菁的青花瓷

沉静典雅的青花瓷是中国陶瓷史上一朵绚丽的夏花。它采用钴为着色剂，在胎上先作画后上釉，经高温一次烧制完成。洁白的胎质、纯净的透明釉、清丽的钴蓝色花纹装饰使它不仅成为神秘东方的标志，中国情结的寄托，并且远销海外，风靡欧亚。

栩栩如生动物纹

动物纹样题材丰富，而以龙纹、凤纹最为常见。龙纹是
皇权统治下的封建社会不可或缺的装饰纹样，它代表的
不仅是皇权的至高无上，还有祥瑞吉庆的寓意。龙纹的
形态在不同的时期呈现出不同的特点。凤在《说文解字》
中被称为"神鸟"，是中国古代神话传说中的百鸟之王，
凤的图腾自古就有，是古代社会人们想象中的保护神，
象征美好与和平。清代装饰以凤纹的瓷器也很常见，双
凤、团凤、夔凤、龙凤等等，虽形式多样，风格各异，
却有着相同的涵义，那就是皇权的象征，并寓意着吉祥
美好。

083

青花龙纹高足杯

元（1271 ~ 1368 年）

高 10.5 厘米

高足杯是元代青花瓷的典型器形。元墓壁画中的场景为高足杯作为酒具使用提供了佐证。最初在马背上使用，随着蒙古文化与汉文化的不断交流，高足杯也作为日常生活中的饮酒器具而放置于桌案之上。此杯外壁绘云龙纹，足壁有三条凸起弦纹，呈竹节形。绘画风格朴实，龙纹描绘得生动传神。

084

青花云凤纹菱口盘

元（1271 ~ 1368 年）

直径 16.5 厘米

盘菱花口，盘心绘云凤纹，口沿绘卷草纹。此盘做工细腻，青花发色自然。

085

青花鱼藻纹菱口盘

元（1271～1368年）

直径40厘米

此盘菱花口，盘心绘鱼藻纹，
鱼藻纹属典型元代纹饰，游
姿翩跹，栩栩如生。水藻纹
一般根细叶粗，排列整齐是
其最突出的特点。里外壁饰
缠枝莲纹，口沿饰菱格锦纹。

086

青花龙纹玉壶春瓶

元（1271 ~ 1368 年）

高 26.8 厘米

瓶腹绘青花云龙纹，瓶颈绘回纹。此器造型秀美，做工细腻。

玉壶春瓶是中国古代特有的一种器形，其造型缘起于唐代，定型于宋代，历经元、明、清、民国直至现代，成为中国瓷器造型中的一种非常典型的器物。有专家提出，"玉壶春瓶"之名系因"玉壶春酒"而来，唐代诗人岑参的诗中提到"玉壶春酒正堪携"，人们便把这种造型的瓶子因酒而叫做"玉壶春瓶"。

087

青花云龙纹罐

元（1271 ～ 1368 年）

高 31 厘米

此罐通体青花纹饰，颈饰海水纹，腹
部主体纹饰云龙纹，一条四爪行龙腾
驾于海水之上，周身祥云漂浮，火焰
飞舞。此器形制浑厚饱满，云龙形象
威猛矫健。

088

青花海水龙纹小罐

明永乐（1403～1424年）
高 8.4 厘米，腹径 11.4 厘米

此罐肩部绘卷草纹一周，腹部绘两
条飞腾的翼龙，下面是波涛汹涌的
海水，整体画面气势磅礴，大型器
物的图案画于小器之上，小中见大。

089

青花龙纹钵

明宣德（1426～1435年）

口径 27.1 厘米

此钵胎壁较厚。外壁青花色泽浓艳
深沉，装饰共分三层，口沿饰波涛
海水纹，腹身饰云龙纹，近底处饰
仰莲瓣纹。碗心以青花书写"大明
宣德年制"六字双行楷书款。

090

青花凤穿莲花图盘

明宣德（1426～1435 年）
口径 17.9 厘米

此盘口沿绘卷草纹，盘心及外壁均绘双凤纹，凤穿行于缠枝莲花之中，外底双圈内以青花书写"大明宣德年制"六字双行楷书款。

091

青花龙行莲池图盘

明弘治（1488～1505 年）
口径 21.5 厘米

盘心内绘青花龙行莲池图，外壁绘双龙穿莲图，与盘内呼应。外底以青花书写"大明弘治年制"六字双行楷书款。

青花龙纹环形盒

明嘉靖（1522～1566 年）

直径 38.6 厘米

此为一件环形盒，通体画行龙穿行于莲花之中，盖沿下长方框内以青花书写楷书"大明嘉靖年制"六字楷书横款。

093

青花云龙纹罐

明万历（1573～1620年）
高 54.4 厘米

此罐肩部饰缠枝花卉纹，腹部主体纹饰为五爪盘曲龙纹，间饰流畅的云气纹。底部以青花书写"大明万历年制"六字双行楷书款。

094

青花矾红龙纹盘（一对）

清康熙（1662～1722年）

直径 18.9 厘米

盘心以青花绘龙纹，以矾红绘海水。底部以青花书写"大清康熙年制"六字双行楷书款。

095

青花赶珠龙纹盖罐

清康熙（1662～1722年）

高 16.5 厘米

此罐釉面洁白光润，瓷胎坚致细腻，素净白地上绘逐珠龙纹。底部以青花书写"大清康熙年制"六字三行楷书款。

096

青花金玉满堂纹小杯

清雍正（1723 ~ 1735 年）

直径 4.3 厘米

此杯卧足，盈手可握。杯内施白釉，外
壁以青花淡描鱼藻图，水藻漂浮摇曳，
各式鱼儿悠然潜游，体态肥腴，灵动自如，
极富动感。全器画意洗练超凡，笔触流
畅纤细，布局疏朗有致，青花淡雅清新。
底书青花"大清雍正年制"六字双行楷
书款。

097

白釉暗刻海水青花龙纹碗

清雍正（1723 ~ 1735 年）

高 11.5 厘米，直径 24.5 厘米

碗外壁暗刻海水江崖纹，四面饰青花五
爪飞龙，飞舞腾跃于翻滚海浪之上，劈
波斩浪，神采飞扬。其间又饰火焰流云
纹，碗心双圈内于海水江崖暗花上绘五
爪翼龙，与外壁四飞龙呈遥相呼应之势。
外底青花双圈内书写"大清雍正年制"
六字双行楷书款。

098

青花折枝花鸟纹大盘

清雍正（1723～1735 年）
直径 50.6 厘米、高 8.9 厘米

盘心绘一对喜鹊嬉戏于枝头，
神态逼真，画意生动。内外
壁绘缠枝莲花纹，委婉多姿，
寓意富贵连绵、喜上眉梢。

099

青花龙凤纹洗

清乾隆（1736 ～ 1795 年）

直径 42.5 厘米

此洗莲瓣形花口，折沿及
内外壁饰云蝠纹，内底饰
龙凤纹，间饰朵云纹。

100

青花矾红龙纹双耳扁壶

清乾隆（1736～1795年）

高 17 厘米

此瓶周身青花绘制云朵，以矾红彩绘制龙纹。颈部矾红"寿字"纹，与足部中央的蝙蝠纹上下对应，苍龙飞旋腾挪，底青花书"大清乾隆年制"六字三行篆书款。此式扁瓶系受西亚金属器影响而出现的器形，在清宫的正式名称为"马挂瓶"。

101

青花双龙捧寿瓶

清乾隆（1736～1795年）

高 23.3 厘米

此瓶主题纹饰为双龙捧寿，颈部饰璎珞纹，肩部饰如意纹一周。底部以青花书写"大清乾隆年制"六字三行篆书款。

102

青花苍龙教子图梅瓶

清乾隆（1736 ～ 1795 年）

高 35.3 厘米

梅瓶胎体细腻坚致，釉面莹润
光亮，主体纹饰为"苍龙教子"。
既有望子成龙的美好祝愿，又
寓"父养子，应与教，养不教，
父之过"的教育意义。

青花釉里红云龙纹天球瓶

清乾隆（1736～1795年）

高 49.5 厘米

此瓶通体以青花绘流云，一条红龙穿行在云层之中，龙头露出，龙身在云中若隐若现。近足处绘海水江崖纹，口沿绘海水纹。底书青花"大清乾隆年制"六字三行篆书款。雍正、乾隆时期，青花釉里红瓷器的烧造技术达到历史最高峰，其釉里红发色纯正，不洇不散。此瓶造型壮硕，青花釉里红呈色稳定，云龙纹雄健有力，富有生气。

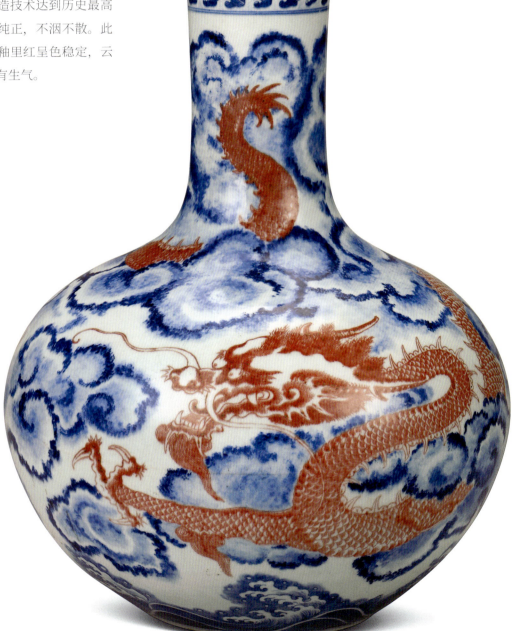

青花龙穿莲花纹天球瓶

清乾隆（1736～1795年）

高 61 厘米

天球瓶的器形源于中东叙利亚的铜器，是
用来盛水的器皿。天球瓶创烧于明代永宣
时期，宣德年间盛行。整体比例是瓶身硕大，
而颈部细短，给人以古朴厚重、稳重庄严
之感。此瓶口以海水纹、如意云头纹为边饰，
近足处饰莲瓣纹，瓶身满绘龙穿莲花纹饰，
龙张牙舞爪，双角向后伸展，龙身卷曲，
作腾飞游动状，刚劲有力，穿插自如。青
花发色鲜艳，笔意流畅自然，底书青花"大
清乾隆年制"六字三行篆书款。

105

青花团龙纹鹿头尊

清乾隆（1736 ～ 1795 年）

高 31 厘米

鹿头尊，始于清康熙朝，至乾隆时期盛行，收口，双耳为兽首，腹部上敛下垂，倒置器身，若鹿头或牛头，故称之为"鹿头尊"或"牛头尊"。此尊图案借鉴了当时欧洲流行的巴洛克装饰手法，将夔龙设计变为首尾相接、起伏翻卷的图案，装饰在颈部、双耳两侧，腹部则由四条大小夔龙围成如意海棠形开光，开光中央自上而下分别贯穿以飞蝠、双磬、双鱼和双层如意头组成中线，与四周的夔龙相互呼应，寓意福庆有余。

106

青花夔龙纹出戟方鼎（一对）

清乾隆（1736 ～ 1795 年）
高 20 厘米

造型仿古铜器方鼎式样，方鼎拼接成形，腹下裹釉支烧，口沿上立对称冲天耳，腹部出八条飞脊，腹下承四柱足。底部可见六个支钉痕。通体描绘青花纹饰，耳部和口沿饰回纹、勾连纹，腹部绘双层两两相对的夔龙纹，柱足饰蕉叶纹和如意头纹。造型古朴，青花发色明艳深沉。

自然意趣花草纹

莲花高洁、梅花坚韧，牡丹富贵、兰花清幽，绚丽多姿的花草自古以来就是文人墨客借物言志的载体。宋代，随着花鸟画的发展，花草开始广泛地运用到瓷器的装饰之上，并被赋予各种寓意。明清时期，花草纹样依旧盛行不衰，作为主题纹样在官窑、民窑中被大量使用。

107

蓝地白花如意开光花卉纹菱口盘

元（1271～1368 年）

直径 45 厘米

此盘菱花口，盘心以开光形式
绘花卉作主题，空间则衬以莲
花及云纹，外壁饰缠枝莲纹。
外底无釉。

108

青花束莲纹匜

元（1271 ～ 1368 年）
高 4.3 厘米，长 13 厘米

匜是西周、春秋时流行的舆洗用具。这件
瓷匜圆形，有流，流下有一小环钮，内底
绘青花束莲纹，内壁绘一周花卉，外壁为
变体莲瓣纹，瓣内填绘如意云纹。

109

青花缠枝牡丹纹玉壶春瓶

元（1271 ～ 1368 年）
高 24.5 厘米

此瓶通体绘缠枝牡丹纹，造型工整，
青花发色自然，为典型的元代青花器。

青花缠枝牡丹纹罐

元（1271 ～ 1368 年）
直径 34 厘米，高 28.5 厘米

此罐肩饰莲瓣纹，内饰杂宝纹，腹饰缠枝牡丹，
上下留白，近足处饰莲瓣纹。造型饱满庄重，牡
丹花纹雍容华贵，是元代青花瓷器的典型作品。
元青花瓷器最初烧造多应波斯地区王公贵族之
需，造型、纹饰、功用皆依阿拉伯文化和风俗而定，
一改宋瓷影青之纤薄小巧，隽秀素雅之风格，往
往以器形巨硕雄健著称，其中大罐一类堪称代表。

111

青花缠枝牡丹纹梅瓶

元（1271 ～ 1368 年）

高 44.7 厘米

瓶肩部绘四朵如意垂云纹，云中满绘四季花
卉。腹部主纹为四朵缠枝牡丹，底边饰以九
瓣莲瓣纹，以二方连续的卷枝纹和弦纹分
隔。瓶盖呈喇叭形，盖钮为莲苞形。

112

青花缠枝花卉纹菱口盘

明洪武（1368 ～ 1398 年）

口径 36.5 厘米

此盘口沿呈十六瓣菱花式，折沿
处绘卷草纹，内壁为缠枝牡丹纹，
盘心绘折枝花卉纹，各部分纹饰
之间以弦纹间隔，外壁口沿处为
缠枝灵芝，壁绘缠枝菊花一周。

113

青花松竹梅纹玉壶春瓶

明洪武（1368～1398 年）

高 27 厘米

瓶内口沿绘卷枝纹一周，颈部绘蕉叶纹，腹部主题纹饰为松竹梅，衬以山石、芭蕉、灵芝纹。近足处绘莲瓣纹一周，圈足上亦绘卷枝纹。松、竹、梅即所谓"岁寒三友"，它是文人墨客笔下常绘的题材，也是备受人们推崇的植物。

114

青花"一把莲"纹盘

明永乐（1403 ～ 1424 年）

口径 28 厘米

此盘内外壁及口沿下均绘卷草纹一周，内壁饰缠枝四季花卉纹，盘中心饰一把莲纹样。一把莲又叫一束莲，是莲花、红蓼、香蒲、莲蓬、茨菇、浮萍等水藻植物的集合，象征清廉为人。红蓼寓意君子不忘其本，香蒲寓意生活俭朴，茨菇寓意品行端正，一把莲集多种美德于一身。

115

青花缠枝番莲纹折沿洗

明永乐（1403 ~ 1424 年）
高 12 厘米，口径 25.6 厘米

此洗口外沿绘八朵花卉，外壁绘八朵番莲组成的缠枝纹，口沿内
侧绘缠枝花一周及青花弦纹三道，内壁绘缠枝四季花卉，器底绘
有如意纹、八角图案和菊花纹。青花发色浓艳，造型优雅。

青花折沿洗是永乐朝新创烧的品种之一，选西亚器物之造型，绘
中国传统之纹饰，巧妙的将中外文化元素相融合，使其成为了当
时中外文化交流的历史见证。这种仿自阿拉伯地区穆斯林教徒净
手铜盆的青花折沿洗，与前者形制几乎完全一样，但瓷器折沿盆
的尺寸要远小于铜盆。

116

青花缠枝花卉纹折沿洗

明永乐（1403 ～ 1424 年）

口径 31 厘米

此洗白釉泛青，胎骨厚重，内外均饰花纹，折沿绘缠枝阿拉伯式花纹，内壁绘缠枝番莲纹，内底中央绘一周相连的回纹，其内绘八个变形莲瓣，内心环绕四瓣团花，莲瓣内绘杂宝八种，包括珊瑚、犀角、双钱、银锭、双角、玉板、方胜、火珠。器外近折口沿处两重双线内绘折枝小花卉，外壁饰菊、牡丹、梅、牵牛、番莲、石榴、黄蜀葵等七种四季花卉，花叶各异，枝茎相缠，近底处绘变形方胜式花朵纹。

117

青花缠枝花卉纹双耳扁壶

明永乐（1403 ～ 1424 年）
高 28.6 厘米，腹径 23.5 厘米

此壶圆形扁腹，短颈，口呈蒜头形，两
侧耸立双绶带，扁腹两侧正中各突出圆
形鼓钉一个。底足外撇，露胎，中部内
凹。器口下及颈部，绘有折枝花卉，器
身满饰缠枝花卉。底足外侧绘有如意云
纹。此双耳扁壶造型取自波斯金银器，
出现于明代，以永宣时期最负盛名，清
代康熙、雍正时期均有模仿。

118

青花缠枝花卉纹花浇

明宣德（1426 ～ 1435 年）

高 14 厘米

花浇腹部饰缠枝花卉纹，肩部书写青花"大明宣德年制"六字楷书款。花浇是伊斯兰教做礼拜时的净手器，造型源于黄铜鼓腹带盖的盛水器，除玉质以外，大多为铜质，12 世纪伊朗和叙利亚开始生产，13 世纪至 14 世纪流行于中亚的帖木儿王朝。永乐、宣德时期都生产青花花浇，形体大致相同，但在柄的处理上有明显区别，永乐花浇多为龙柄，宣德则多为如意柄。

明永乐时期实行朝贡贸易，与西亚各国交往较为密切，郑和也曾多次下西洋，永乐皇帝因而命御器厂烧造了一些仿伊斯兰陶器的器形，用于赏赐或贸易。

119
青花缠枝莲纹小罐

明宣德（1426 ～ 1435 年）
高 10.8 厘米

此罐颈饰缠枝蔓草纹，腹部主体纹饰为缠枝莲纹，底部绘变形叠瓣一圈，形体饱满，胎骨厚重，青花色泽浓艳亮丽，浓重处泛铁锈斑，胎面细看有橘皮纹，底边釉厚处泛青。

120
青花缠枝灵芝纹小罐

明宣德（1426 ～ 1435 年）
高 8.7 厘米，腹径 10.6 厘米

此罐器颈饰青花弦纹一道，肩部至底边绘上下相对的莲瓣纹各一周，腹部主体纹饰为缠枝灵芝，底书青花双圈"大明宣德年制"六字双行楷书款。

121

青花折枝花卉纹罐

明宣德（1426～1435年）
直径30厘米

此罐主体饰折枝花卉纹，
上下各饰仰覆莲瓣纹，底
书青花"大明宣德年制"
六字双行楷书款。

122

青花花卉纹莲子碗

明宣德（1426～1435年）

直径 20.7 厘米

此碗内壁绘缠枝莲纹，口沿外壁饰回纹，腹饰菊瓣纹，底书青花"大明宣德年制"六字双行楷书款。

123

青花宝相花纹卧足碗

明成化（1465～1487年）

口径 12 厘米，高 4.2 厘米

此碗外壁饰宝相花纹，口沿内外及近足处各有弦纹一周，底书青花"大明成化年制"六字双行楷书款。

124

青花番莲纹碗

明成化（1465 ~ 1487 年）
高 6.5 厘米，口径 15.5 厘米

此碗内壁无纹饰，外壁绘缠枝番莲纹，
底边周围饰变形莲瓣纹，圈足外壁绘
如意云纹一周，底书青花双方框"大
明成化年制"六字双行楷书款。

125

青花瓜瓞纹碗

明成化（1465 ~ 1487 年）
高 6.7 厘米，口径 15.5 厘米

此碗内壁无纹饰，外壁绘瓜瓞
纹三组，底青花书双圈"大明
成化年制"六字双行楷书款。

126

青花缠枝秋葵纹碗

明成化（1465 ~ 1487 年）

直径 14.6 厘米

此碗外壁绘连枝秋葵，碗心双圈内饰团花框，底书青花双圈"大明成化年制"六字双行楷书款。

127

青花花卉纹高足杯

明正德（1506 ~ 1521 年）

直径 16 厘米

此杯绘抽象花卉纹，间以石榴形图案，腹底饰蝉纹。碗内素白无纹，足内施釉。此杯所见之抽象纹饰，乃正德朝特征，常配合阿拉伯文字，以迎合中东品味。高足内一圈书青花"大明正德年制"六字楷书款。

128

青花百寿纹罐

明万历（1573 ～ 1620 年）

高 48.2 厘米

此罐通体青花饰缠枝莲托"寿"
字，近足处饰如意云头纹，缠
枝莲托百寿字，寓意百寿延年，
为明代宫廷典型祝寿用器。底
部青花双圈内书写"大明万历
年制"六字双行楷书款。

129

青花折枝三果纹瓶

清雍正（1723～1735年）

高 41.7 厘米

此瓶胎体细腻坚致，釉面莹润光亮，纹饰共
计五层，腹部绘折枝花卉与佛手、蟠桃、石
榴三种折枝瓜果，底饰莲瓣，中间填绘葡萄
纹。底部以青花书写"大清雍正年制"六字
双行楷书款。三果纹是明清时期瓷器流行的
吉祥图案，传统为佛手、蟠桃、石榴组合纹饰，
又称"三多"，其中佛手寓意多福气，桃寓
意多寿，石榴寓意多子。

130

青花釉里红花卉纹鹿头尊

清雍正（1723 ～ 1735 年）

高 36 厘米

青花釉里红装饰，周身满绘缠枝花
卉纹，青花饰枝叶，釉里红饰花朵。
底部以青花书写"大清雍正年制"
六字三行篆书款。

131

青花缠枝花卉纹六方贯耳瓶（一对）

清雍正（1723 ～ 1735 年）

高 44 厘米

此瓶仿古代青铜器造型，通体以青花装饰，主体
纹样为花卉纹，颈部饰海水纹，间有回纹、回曲
纹等辅助纹饰。底部以青花书写"大清雍正年制"
六字三行篆书款。

132

青花宝相花纹蒜头瓶

清雍正（1723 ～ 1735 年）

高 11.5 厘米

此瓶口沿处绘变形莲瓣纹，肩颈处绘
波浪纹，腹部为八角形变体宝相花
纹，底圈足内青花双圈内书"大清雍
正年制"六字双行楷书款。蒜头瓶为
明清时期景德镇窑常见的一种瓶样，
仿自汉代青铜蒜头壶，因瓶口似蒜头
而得名。

133

青花折枝花果纹如意耳扁壶

清雍正（1723 ～ 1735 年）

高 28.9 厘米

此扁壶造型典雅，仿明初永乐器形。此
器腹上段饰三组折枝花卉纹搭配下腹三
组折枝花果纹，以雍正时期的艺术技法
重塑永乐风格，从其刻意仿效明初绘画
特色，不难窥见雍正皇帝对前朝辉煌的
仰慕之情。纹饰之间留白仿永乐青花器
装饰技法，使纹饰更加明快疏朗，具有
自然意趣。

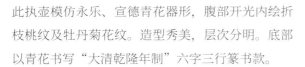

134

青花三多纹执壶

清乾隆（1736～1795年）

高 29 厘米

此执壶模仿永乐、宣德青花器形，腹部开光内绘折枝桃纹及牡丹菊花纹。造型秀美，层次分明。底部以青花书写"大清乾隆年制"六字三行篆书款。

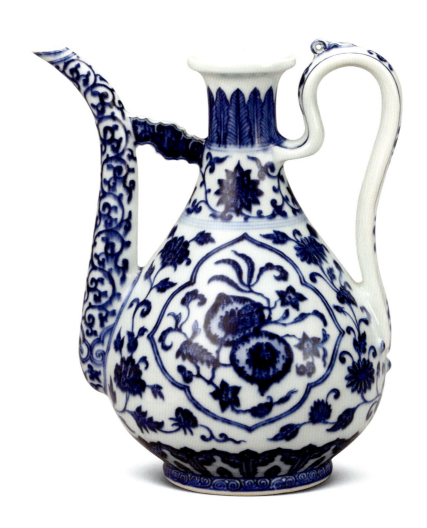

135

青花缠枝莲纹梅瓶

清乾隆（1736～1795 年）

高 36.3 厘米

"梅瓶"之名起源于宋代，泛指插梅花之瓶。从宋代的诗文中可看出，当时用于插梅花的瓶都被称为"梅瓶"，并且是在诗词中作为一种简称，其形制并没有特殊的规定。从宋代

壁画中看，梅瓶在宋代最初功能就是酒瓶，尤其是带盖的梅瓶，更是显示了其盛酒功能。不带盖的，或者是作为酒瓶启封之后无盖的，或亦作为花瓶使用。至迟到清代康熙晚期，将此类小口、丰肩、敛腹瓶称为梅瓶，才将梅瓶的形制确定下来，而其功能也从实用器变为陈设赏玩器。

此瓶纹饰自上而下分四层，以弦纹相隔，腹部主体纹饰为缠枝花卉纹。底部以青花书写"大清乾隆年制"六字三行篆书款。

136

青花缠枝花卉纹六连瓶

清乾隆（1736～1795年）
高16.7厘米，每瓶口径3.7厘米，整体肩宽14.3厘米，
每瓶足径3厘米

此瓶由六连瓶组合而成，中间一瓶较外围
的五小瓶略高。各瓶均撇口，直颈中部有
凸弦，圆肩敛腹，平底。青花纹饰一致。
颈部绘蕉叶纹及缠枝番莲纹，肩部绘如意
云纹，腹部绘缠枝番莲纹，近底部绘莲瓣纹。
瓶中央底款磨去。

137

青花缠枝莲纹盘口尊

清乾隆（1736 ～ 1795 年）

高 48 厘米

尊通体共有八层纹饰，口外沿装饰如
意云纹，颈部饰蕉叶纹、海涛纹，肩、
颈间饰缠枝莲纹，折肩处饰如意云纹，
近足处饰莲瓣纹，主体纹饰为缠枝番
莲纹。外底书青花"大清乾隆年制"
六字三行篆书款。

138

青花缠枝莲纹瓶

清乾隆（1736 ~ 1795 年）

高 47 厘米

此瓶胎体坚致细密，釉面光润莹洁，青花
发色纯正，明快清丽，青花纹饰疏繁有致，
层次分明，以腹部缠枝莲纹为主体，口沿
饰一周海水纹，其下垂如意云头纹，近肩
处饰变体蕉叶纹一周，与近足处之莲瓣纹
遥相呼应，肩部点缀卷草纹一周，外底书
青花"大清乾隆年制"六字三行篆书款。

139

青花折枝花卉纹六方瓶

清乾隆（1736～1795年）
高 66.3 厘米

此瓶通体绘画各种折枝花卉纹。
青花图案配合六方瓶的造型构图，
运用角花纹呼应，和谐统一。底
部以青花书写"大清乾隆年制"
六字三行篆书款。

140

青花洋莲纹贯耳尊

清乾隆（1736 ～ 1795 年）

高 51.4 厘米

此尊尖唇，敞口，宽束颈，附管状
双耳，折肩，腹部斜曲，圈足外斜。
通体饰多层花卉纹。底书青花"大
清乾隆年制"六字三行篆书款。贯
耳尊流行于清乾隆时期，仿自商周
青铜器形。

141

青花缠枝莲纹盖罐（一对）

清乾隆（1736～1795年）

高 50.5 厘米

此罐盔式盖，宝珠钮，器身满绘青花缠枝莲纹。底书青花"大清乾隆年制"六字三行篆书款。

142

青花缠枝花卉纹鹿头尊

清乾隆（1736～1795 年）

高 45 厘米

此尊微撇口，肩饰对称双耳，通体青花绘缠枝花卉纹，口沿饰锦地寿字纹，底部以青花书写"大清乾隆年制"六字三行篆书款。造型庄重古朴，花卉疏密有致。

143

青花缠枝花卉纹卷缸

清乾隆（1736～1795 年）
高 36.3 厘米

此缸口沿及肩部饰海水纹和
如意纹，腹部饰缠枝花卉纹，
近底处饰仰莲瓣纹。底部以
青花书写"大清乾隆年制"
六字三行篆书款。

惟妙惟肖人物纹

元代首创了在青花瓷上绘制人物纹样，并且受元曲的影响开始大量流行。婴戏、仕女、高士、历史人物、戏剧文学人物等题材内容表现丰富，人物形神兼备，将青花瓷的文人气息和诗情画意装饰到极致。

144

青花开光"渔樵耕读"八方把壶

元（1271～1368 年）

高 30.8 厘米

此壶口沿绘卷草纹，其下饰如意纹一周。颈部分三层装饰，上部饰蕉叶纹，凸棱饰回纹，下部饰莲瓣纹。肩部饰卷草纹一周，腹部有开光内绘"渔、樵、耕、读"人物图案，间以花卉纹。腹下饰变形莲瓣纹，足端饰卷草纹。

"渔"即渔夫垂钓。东汉严子陵，深得刘秀赏识。刘秀做皇帝后，数次邀其做官，但严子陵坚辞不出，一生不仕，隐于浙江桐庐，垂钓终老。

"樵"指打柴之人。西汉大臣朱买臣，出身贫寒，以打柴卖薪度日，但其酷爱读书，熟读《春秋》《楚辞》，后经同乡严助推荐，当了汉武帝的中大夫、文学侍臣。

"耕"即农夫耕田。东晋诗人和文学家陶渊明。因厌倦官场的黑暗，辞官回家，从此隐居寒庐，寄意田园。

"读"则是描述苏秦刺股埋头苦读的场景。苏秦每天读书到深夜，每当要打瞌睡时，他就用锥子刺一下大腿来提神，后成为战国时期著名纵横家。

145

青花神人仙鹿图玉壶春瓶

元（1271 ～ 1368 年）

高 28 厘米

此瓶撇口，长颈，垂胆腹，为元代玉
壶春瓶造型。外壁绘神人仙鹿图，人
物造型和表情有戏曲风格，轮廓、衣
纹线条流畅，山石、树木、人物衣饰
均作平涂，足边绘一周莲瓣。

146

青花百子婴戏图罐

明万历（1573 ～ 1620 年）

高 34 厘米

此罐釉质肥润，白中闪青。通体绘百子婴戏图。所绘童子，体态各异，三两成群，玩耍嬉戏，天真活泼，热闹欢愉。儿童与庭院满饰画面，排列疏密有致，画面动静结合，充满生活气息。百子婴戏图是明清两代御窑瓷器中较为流行的装饰题材，表达了当时人们祈求多子多福的美好愿望。

147

青花拜月图梅瓶

明（1368～1644年）

高 37 厘米

此瓶颈部饰斑点纹一周，肩部饰缠枝花卉纹，腹部饰人物图案，左侧仕女端坐，手执扇，青衫罗裙，衣带飘逸，璎珞加身，右侧人物持香炉以献，其间鼎式香炉，青烟渺渺。

148

青花人物纹观音瓶

清康熙（1662 ～ 1722 年）

高 45.4 厘米

此瓶因器形为观音手中所
持瓶式，故名。清代康熙时
景德镇窑创制，品种有青
花、五彩、郎窑红等。此瓶
形体修长，线条流畅，颈部
饰圆圈纹和回纹，腹部饰各
式人物，或立或站，神态生
动，布局和谐。外底书青花
"大明成化年制"六字三行
楷书款。

149

青花农家乐双耳扁壶

清乾隆（1736～1795年）
高 52 厘米

此壶颈部装饰透雕龙形耳，腹部两面开光绘乡村小景，一面绘一农夫耕地，另一面绘一农夫驾牛耙地，旁边田埂上一犬在四处张望，远山近树，骄阳流云，俨然一幅农家耕作图画。瓶侧以花卉纹作点缀，间绘福寿，寓意家园宁静，福增寿长。底书青花"大清乾隆年制"六字三行篆书款。

150

青花釉里红匡庐图灯笼瓶

清乾隆（1736 ~ 1795 年）

高 47 厘米

瓶灯笼形，腹部绘庐山风景图，主峰突兀，飞
瀑直下，诸多山峦起伏迭嶂，云雾缭绕，亭台
楼阁掩映其间，湖水微波荡漾，小舟轻泛。绘
画笔法细腻入微，钴蓝似水墨般浓淡有致、远
近有别，最高峰处留"匡庐"二字。颈部以青
花釉里红作边饰以衬托，青花作枝叶，釉里红
为花朵，自上而下绘梅、牡丹、莲花、竹各一周，
口沿下为一周规整的如意云头纹，与之相对，
胫部与近足处分绘松树和如意云头纹以呼应。
底书青花"大清乾隆年制"六字三行篆书款。

寓意深远宗教纹

明清时期，各朝皇帝对待宗教的态度直接反映到青花瓷的装饰纹样之上。八吉祥纹，又称"八宝纹"，即法轮、法螺、宝伞、白盖、莲花、宝瓶、金鱼、盘长，这八种宝物被藏传佛教视为吉祥象征。八吉祥纹饰始于藏传佛教开始受到尊崇的元代，流行于明清，各朝盛行不衰。在瓷器上书写阿拉伯文在永宣青花瓷上已有出现，正德时期由于受到伊斯兰教影响，更加流行。

青花缠枝花卉藏文题诗碗

明宣德（1426 ～ 1435 年）

口径 15 厘米

此碗外壁绘缠枝番莲纹，碗内所书藏文，出自佛教经典之祷文咒语，宣德皇帝好此类吉祥祝文，曾将词句织于披风，绣于唐卡，或书于瓷上。祝文可译为："日平安，夜平安，阳光普照皆平安，日夜永远平安泰，三宝护佑永平安"。碗底书青花"大明宣德年制"六字楷书款。

152

青花缠枝莲托八宝纹大碗

明宣德（1426 ～ 1435 年）
高 9.5 厘米，口径 26.6 厘米

此碗内施白釉，外饰青花，口沿两道
青花弦纹，壁饰缠枝莲托八宝纹，近
足饰莲瓣纹，足壁饰朵梅纹。口沿双
弦纹下书青花"大明宣德年制"六字
楷书款。

153

青花灵芝阿拉伯文笔架

明正德（1506 ～ 1521 年）
高 11 厘米

此器形似五座相连的呈波浪状的山
峰，器内中空，最外两侧山凹处各带
有一圆孔，应是烧造前所留气孔。全
器以青花描绘灵芝纹，器座饰如意云
头纹，器身两面中央置菱形开光，开
光内接方框，四角各绘一圆点，中书
阿拉伯文字。底书青花双框"大明正
德年制"六字双行楷书款。

154

青花灵芝阿拉伯文大罐

明正德（1506～1521年）

高 36 厘米

此罐白釉泛青，全器布满青花纹饰，由上而下依次为四个布局严谨的装饰带：回纹与云头纹间置圆形开光、灵芝纹夹两菱形开光、蕉叶纹及三角格间云头纹，底书青花双圈"大明正德年制"六字双行楷书款。以阿拉伯文作为瓷器装饰题材，堪称正德官窑瓷器的显著特点，这与正德皇帝对伊斯兰文化的兴趣有密切关系，文字的内容多为伊斯兰教经典《古兰经》里的语录。

155

青花八宝纹高足杯

清雍正（1723～1735年）

口径9.7厘米

此杯外壁饰八宝纹，足端饰弦纹。圈足内书"大清雍正年制"六字楷书款。

156

青花缠枝莲托八宝纹铺首耳瓶

清乾隆（1736 ~ 1795 年）

高 49.7 厘米

此瓶肩部贴饰铺首环耳，腹部饰缠枝番莲
托八宝纹，足部饰海水江崖纹，外底书青
花"大清乾隆年制"六字三行篆书款。此
器为乾隆时期仿青铜器的典型造型。

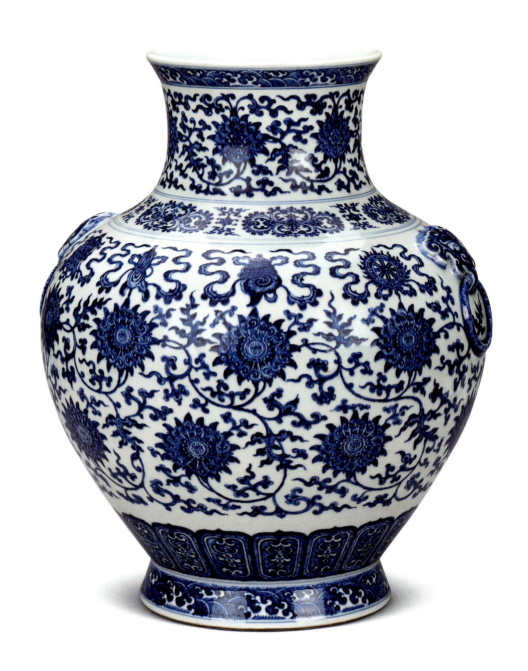

157

青花八宝纹抱月瓶

清乾隆（1736～1795年）

高 47.3 厘米

此瓶口沿处为回纹，颈部为缠枝花，腹部边缘绘回纹
一周，中心为花朵纹，外环以莲瓣纹内绘八吉祥纹，
腹侧绘缠枝莲纹，外底书青花"大清乾隆年制"六字
三行篆书款。抱月瓶出现于明代，以永乐、宣德时期
最负盛名，其造型取自波斯金属器，清代康熙、雍正
及乾隆时期均有模仿。

浓淡相宜的彩瓷

清代，尤其是康、雍、乾三朝，经济发达，国力强盛。在一系列改革措施，如"匠籍制度"废除，恢复"官搭民烧"制度，由皇帝选派督陶官管理瓷务等影响下，景德镇御窑厂瓷业在继承的过程中发展，在仿古的基础上创新，无论在造型、纹样、色彩等方面都取得了突破性成就，并发展至鼎盛。

斗彩

斗彩属于青花加彩类，成化斗彩为其代表之作。它开创了釉下青花与釉上多彩相结合的新工艺，既保持了青花幽菁雅致的特色，又具有釉上彩色的浓艳华丽，釉下青花与釉上诸彩相互衬托、争奇斗艳。清代康、雍、乾三朝是斗彩瓷器的高度发展时期，无论在造型、纹饰、色彩等方面都有突破性的成就，生产出了许许多多精美新颖的新一代斗彩瓷器。

158

斗彩菊花纹杯（一对）

明嘉靖（1522 ~ 1566 年）

口径 5.8 厘米

杯外壁饰四组菊花纹饰，以青花勾勒出外轮
廓，后在轮廓内填彩，每个菊花由八片叶子衬
托出一朵盛开的花朵，叶片舒张，呈现向上伸
展的姿态，与秀巧的杯子相配，恰到好处。菊
花则填绘黄色花蕾，而花瓣的颜色每朵不一，
以两青花与两红彩相间排列。外底书青花"大
明嘉靖年制"六字双行楷书款。

159

斗彩张骞乘槎纹茶盅

清康熙（1662 ～ 1722 年）
口径 9.1 厘米

此盅釉质温润莹泽，胎体坚致洁白，外壁绘画"张骞乘槎图"，画中红日远升，仙鹤翱翔，寿山福海之中，张骞斜坐槎上，素冠云履，长须宽袍，双目凝视手中书卷，安详而自得，而槎下波涛翻滚。纹饰隐喻"凿空西域"，使西北各部归顺，边疆安定，江山永固。底书青花"大清康熙年制"六字三行楷书款。

160

仿成化斗彩翼龙纹天字罐

清雍正（1723 ～ 1735 年）
高 9.5 厘米

此罐以青花绘三爪龙纹，间饰彩云纹，近底处饰仰莲瓣纹。底部书青花"天"字。天字款是成化时期特有的落款。

161

斗彩缠枝花卉纹直颈瓶

清雍正（1723 ~ 1735 年）
高 10 厘米

此瓶口沿饰卷草纹一周，颈绘变形蕉叶纹，腹绘缠枝莲纹，底书青花"大清雍正年制"六字双行楷书款。此瓶造型别致，造型或出自天球瓶，腹部划出六道筋脉，并依筋脉对称绘画纹饰，构思巧妙。

162

**斗彩开光四季花卉纹
斗笠碗（一对）**

清雍正（1723 ～ 1735 年）

口径 22.5 厘米

163

斗彩"唐人诗意山水"盘（一对）

清雍正（1723～1735年）

口径 15.6 厘米

盘心各绘斗彩山水人物图一幅，以雅淡青花勾边，填以釉上透明绿彩、浅紫彩及赭赤等各色，绘画浅绛山水景物：一盘绘高士骑驴过桥访友，随从书童携琴在其后，湖中渔舟归渡，夕阳西下，云海泛红；另一盘绘孤翁湖边山石上垂钓，远山群鸟飞翔，崇山峻岭，气象万千。盘底书青花双圈"大清雍正年制"六字三行楷书款。

斗彩龙马负书图盘

清雍正（1723～1735年）

口径20.2厘米

此盘折沿上绘祥云两周，口沿边施金彩。盘心绘"龙马负书"图，波涛汹涌，奇石耸立，一龙马驮书踏浪而来，气势磅礴。外壁饰海水江崖纹，与盘心纹饰互相呼应。外底书青花双圈"大清雍正年制"六字三行楷书款。"龙马负书"是中国古代的经典传说之一。相传，上古伏羲时，洛阳东北孟津县境内的黄河中浮出龙马，背负"河图"，献给伏羲，伏羲依此而画出八卦，后为《周易》来源，"龙马负书"乃祥瑞之兆。

165

斗彩竹石纹盘（一对）

清雍正（1723 ~ 1735 年）

口径 20.9 厘米

166

斗彩夔凤八宝纹大盘

清乾隆（1736～1795 年）

口径 51 厘米

此盘形体硕大。全器内外均以斗彩装饰，盘内心绘象征喜相逢的双夔凤纹，周围环以四朵西番莲。内壁绘八宝纹，间绘彩色祥云，内口沿下以海浪、杂宝为边饰。外壁绘十二朵大叶缠枝莲花。此盘除使用绿、矾红、酱彩外，还使用了当时特有的蓝、紫、黄彩料，使画面色彩丰富，更加富丽。外底书青花"大清乾隆年制"六字三行篆书款。

167

斗彩五福捧寿花卉纹葫芦瓶

清雍正（1723 ~ 1735 年）
高 28.5 厘米

器作葫芦形，上部绘"五福捧寿"纹，
有较多留白，下部满绘花卉纹，上下
对比明显，疏密有致，底书青花"大
清雍正年制"六字双行楷书款。

168

斗彩缠枝莲托吉庆如意纹 夔龙耳洗口瓶

清乾隆（1736 ~ 1795 年）

高 41 厘米

此瓶颈部左右各饰红彩描金夔龙耳，口沿饰
金彩，双钩填彩绘缠枝莲纹，下饰如意云头
纹一周，器身主饰缠枝莲纹，颈部间绘红蝠
衔玉磬等吉祥纹样，寓意"吉庆连连"，肩
部饰回纹，上绘如意云头纹一周，圈足处饰
蕉叶纹，内壁、底部均施松石绿釉，底书青
花"大清乾隆年制"六字三行篆书款。

169

斗彩团花纹大缸

清乾隆（1736 ~ 1795 年）

高 36.3 厘米，口径 32.8 厘米

此缸口沿下一周边饰为海棠形连环开光，外以青花为地，内绘各式花卉。腹部主体纹饰为四组团花，一朵醒目的红彩西番莲居于中心，其四周又有以红、黄等色绘就的各色四季花卉，枝缠叶绕，五彩缤纷。团花周围的缠枝花卉花妍叶绿，枝蔓绕团花纹而饰，连绵不绝。整器纹样描绘细腻，填色准确，层次分明，用色丰富，从装饰风格看，所绘开光及枝叶缠枝方式还略带西洋风格，使其华丽的外表更添一份异国风情。

五彩及素三彩

五彩瓷器可分为以红绿黄为主的纯粹釉上五彩，和以青花作为一种色彩与釉上多种色彩相结合构成画面的青花五彩。五彩创烧于元代。嘉靖、万历时期，五彩瓷器更是达到了"务极华丽"的程度。清代，康熙时期五彩瓷的烧造再次达到一个高峰。康熙五彩造型挺拔，色彩华贵，笔力遒劲，画技精湛，具有很高的艺术造诣。

素三彩是一种低温釉彩瓷器，主要特征是器表纹饰不施红彩，色调冷且素雅，故称"素三彩"。明代素三彩常常以黄、绿、紫三色为主，到了清代康熙时期，素三彩有了进一步发展，其彩色除了黄、绿、紫外，增加了当时特有的蓝彩，同时加彩法也更为多样。

170

五彩群猫图花瓣形盖罐

明万历（1573 ～ 1620 年）

高 15 厘米

盖罐呈花瓣形，盖面凸起六棱曲线向外放射，如同花朵盛开，每瓣上绘制不同的花朵，争奇斗艳，盖面中心点突出半球，上镶嵌玛瑙顶珠，其上又以金属铸成花瓣作为装饰，构思巧妙。罐身外壁绘制群猫嬉戏，或黄、或黑、或淡褐，虎头虎脑，尤为可爱。底书青花双圈"大明万历年制"六字双行楷书款。

171

五彩麻姑献寿图盘（一对）

清康熙（1662 ～ 1722 年）

直径 19 厘米

盘心绘麻姑、鹤、鹿、灵芝。麻姑手执一篮子灵芝及仙花，回眸动人，百媚千娇。麻姑是中国古代传说中的仙女，传其有神力，能投米成珠，曾于绛珠河畔以灵芝酿酒，以备蟠桃会上为西王母祝寿，民间流传的"麻姑献寿"即由此而来。麻姑献寿图案有多种，盛行于清康熙时期，清代一直流行。此盘绘画技法高超，人物造型优美生动，色彩亮丽，构图匀称。

172

五彩雕瓷"松竹梅"盖罐

清康熙（1662～1722年）

高 82 厘米

此罐采用五彩装饰，浮雕技法，饰
松竹梅图案，间有飞禽、奔鹿等。
松竹梅为岁寒三友，是中国传统文
化中高尚人格的象征。

黄地五彩云鹤纹大碗（一对）

清雍正（1723 ～ 1735 年）
高 10.9 厘米，口径 25.5 厘米

此碗除器底白釉外，器内外均以黄釉为地。器
内底心饰一天蓝色篆体圆形"寿"字，两只仙
鹤口衔灵芝，外加绿色云纹及外圈，组成一团
花图案。外壁绘八只展翅飞翔、姿势各异的仙鹤，
各口衔一件八仙所用之宝物，隙地饰云纹，壁
底海水江崖纹。外底书青花双圈"大清雍正年制"
六字双行楷书款。

174

素三彩双龙戏珠纹大盘（一对）

清康熙（1662～1722年）

口径 40 厘米

此盘胎体洁白，细腻坚致，黄地素三彩装饰，
内底饰双龙戏珠纹，口沿亦饰龙纹一周，
底书青花双圈"大清康熙年制"六字双行
楷书款。

素三彩五福捧寿八宝纹大盘

清雍正（1723～1735年）

口径 40.5 厘米

此盘内外为黄地赭、绿彩装饰，蝠、寿、八吉祥为赭彩，缠枝花卉纹为绿彩。盘心为"五福捧寿"图案，其外为八宝纹，口沿处饰团寿纹一周，外壁亦为福寿题材，外底书青花双圈"大清雍正年制"六字双行楷书款。五福捧寿由五只蝙蝠围着寿字或围着桃子构成，是民间广为流传的一种传统吉祥图案，寓意多福多寿。

粉彩

粉彩是在五彩发展的基础上、珐琅彩的影响下，在景德镇创制成功的又一种具有独特风格的彩瓷。粉彩在彩绘时使用一种名叫"玻璃白"的彩料打底，再于上面绘彩。"玻璃白"的使用让粉彩瓷器的彩色出现浓淡凹凸之感，同时更显色彩丰富，粉润柔和，画工精细，艺术效果独特。粉彩出现于康熙晚期，盛烧于雍正、乾隆时期，延烧至清代晚期，直到现在景德镇的许多瓷厂仍继续烧造。

176

粉彩鸡纹碗（一对）

清雍正（1723 ～ 1735 年）

高 11.5 厘米

177

胭脂红地粉彩寿菊图小盘

清雍正（1723 ～ 1735 年）

口径 11.6 厘米

器内光素无纹，外壁胭脂红地，绘折枝
黄菊花，底书蓝料双方框"雍正年制"
双行楷书款。

178

粉彩龙凤纹大盘

清雍正（1723 ~ 1735 年）

口径 54.5 厘米

此盘纹饰为福寿题材，盘心为双龙戏珠，珠为团寿纹，间饰云纹；口沿饰动态各异的白鹤，间饰云纹；外壁饰蝙蝠一周，下饰海水江崖。盘底书青花双圈"大清雍正年制"六字楷书款。

179

粉彩花卉纹蒜头瓶（一对）

清雍正（1723～1735年）
高 28 厘米

通体以青花弦纹将纹饰分为五层，
口部粉彩绘如意云头纹、颈部矾红、
粉彩分绘缠枝花卉纹及蕉叶纹、足
部纹饰皆以矾红装饰，腹部粉彩绘
花卉纹，纹饰细腻，设色雅丽。造
型挺拔，布局严密紧凑，绘画笔触
娴熟。

红地粉彩花卉纹碗

清雍正（1723～1735年）

高 3.5 厘米，口径 7.1 厘米

此碗胎体细薄坚致，内壁施白釉，外壁敷设红彩为地，以诸色彩料绘牡丹、秋葵、菊花、兰花、罂粟花、秋海棠、山茶、芍药、栀子花等九种秋天盛开的花卉，寓意"九秋同庆"。此器造型小巧精致，通过红、黄、绿、蓝、紫等色的浓淡变化，表现花叶的阴阳向背，富有质感。外底书青花双框"雍正御制"四字楷书款。

181

粉彩开光教子图盖罐（一对）

清雍正（1723～1735年）

高 81 厘米

宝珠钮盖，器身开光内绘教子图，开光外饰
花卉纹，清丽雅致。

182

珊瑚红地粉彩万寿五福大盘

清雍正（1723 ～ 1735 年）

口径 50.4 厘米

此盘外壁在珊瑚红地上留白，以浅绿、铅白、胭脂红和墨彩绘画三十二只姿态各异的蝙蝠。盘内施白釉，盘心有红彩团花篆书，外以矾红渲染并以黑彩点睛，绘五只飞舞蝙蝠。底书青花双圈"大清雍正年制"六字双行楷书款。

香港回归祖国20周年特展

粉彩"玉堂富贵"图菊瓣盘

清雍正（1723～1735年）

口径 17.8 厘米

此盘为菊瓣形，胎薄体轻，釉质白润。盘心绘两株盛开的牡丹、玉兰、雏菊穿插其间，象征玉堂富贵、杞菊延年之意。《陶雅》赞曰："粉彩以雍正朝为最美，前无古人，后无来者，鲜妍夺目，工致殊常。"雍正帝雅好花道，品味超俗，对于"隐逸君子"菊花表现得情有独钟，御窑厂精心制作的各式菊瓣盘将皇帝对菊花的喜爱凝练于工艺造型之中。

184

粉彩缠枝莲矾红夔凤纹碗（一对）

清雍正（1723 ～ 1735 年）

高 13.4 厘米

碗外壁饰粉彩夔凤缠枝花卉纹，矾红夔凤鲜活
亮丽，青绿的缠枝花草清新生动，底部以蓝料
彩装饰莲瓣。外底书青花双方框"大清雍正年
制"六字双行楷书款。

185

粉彩翠竹金癞瓜粉蝶碗（一对）

清乾隆（1736～1795 年）
口径 11 厘米

碗外壁以粉彩绘癞瓜，并将连绵不绝的金癞瓜藤蔓，从碗外壁翠竹干上"过墙"延伸至碗内壁上，茂盛的藤蔓叶干衬托成熟露红瓤子的金癞瓜以及淡黄色五瓣花，伴以翩翩起舞的彩蝶，构成一幅自然生动、色彩缤纷的图画。碗外底书青花"大清乾隆年制"六字三行篆书款。

186

胭脂红地粉彩莲托万寿五福纹盘（一对）

清乾隆（1736 ～ 1795 年）

高 2.6 厘米，直径 10.6 厘米

此盘口沿描金，外壁以胭脂红为地，绘粉彩莲纹、寿字纹、平安结等，组成"莲托万寿"图，盘心以矾红彩绘"五福捧寿"图，以团寿纹为中心，围以五只蝙蝠，又取西洋渐变绘风，更显立体感。外底书红彩"大清乾隆年制"六字三行篆书款。

187

粉彩五蝠八桃纹盘

清乾隆（1736～1795年）
口径 20.2 厘米

盘内、外壁绘桃蝠纹，一株桃树枝繁叶茂，由
盘外壁弯曲伸到盘内，粉花绿叶，八枚嫣红熟
透的硕桃悬挂枝头，五只红蝠展翅飞舞。外底
书青花"大清乾隆年制"六字三行篆书款。蝠
桃图为清代粉彩瓷器装饰典型的吉祥图案，雍
正乾隆两朝均有烧制，画意内容相同，图案寓
有"蟠桃献寿"之意，八个硕桃取"八仙祝寿"
之意，"蝠"与"福"谐音，寓意"五福临门"、
"五蝠捧寿"。

188

胭脂红地粉彩缠枝花卉纹贯耳瓶

清乾隆（1736 ～ 1795 年）

高 26 厘米

此瓶主体为胭脂红地锦上添花，局部为黄地、白地。主体纹饰为莲纹，口沿处饰如意头一周，近足处饰仰莲瓣一周。外底施松石绿釉，中心书红彩"大清乾隆年制"六字三行篆书款。

189

粉色地粉彩包袱式四系盖罐（一对）

清乾隆（1736 ~ 1795 年）

高 23.9 厘米

伞形盖，通体纹饰，主体绘包袱纹，围以番莲纹，肩部有四个金色系。底书红彩"大清乾隆年制"六字三行篆书款。乾隆帝尤好器物仿摹创新，瓶身所绘包袱纹，近似于日式传统包袱布风吕敷，常见于日本漆器。如此包袱装饰，常见于乾隆时期的瓷器、珐琅器、木器及漆器等。

190

粉彩穿花凤凰纹盖瓶（一对）

清乾隆（1736～1795年）

高35厘米

宝珠钮盖，主体以粉彩绘凤穿牡丹，并辅以朵花纹，象征祥瑞富贵。底书红彩"大清乾隆年制"六字三行篆书款。

绿地粉彩花卉锦上添花开光
"农家乐"象耳瓶（一对）

清乾隆（1736～1795 年）

高 40 厘米

口沿描金，绿地粉彩绘各式花卉纹，腹部
菱花形开光内绘农家乐题材。底书红彩"大
清乾隆年制"六字三行篆书款。

192

青釉浮雕吉庆有余青花描金开光粉彩婴戏图八方瓶

清乾隆（1736～1795年）

高44厘米

瓶腹部青花地四面开光，分别绘孩童燃爆竹、持戟悬磬、挂灯笼、观鹌鹑之景，喜气盎然于外。颈部为青釉，浮雕磬、鱼纹饰，意喻"吉庆有余"。底书"大清乾隆年制"描金六字三行篆书款。

193

松绿地粉彩福寿夔龙耳尊

清乾隆（1736 ～ 1795 年）
高 55.5 厘米

此尊两侧附有对称的龙耳，松绿地
粉彩装饰福寿题材，间饰花卉纹。
底书金彩"大清乾隆年制"六字三
行篆书款。

194

绿地粉彩缠枝莲纹茶壶

清乾隆（1736 ~ 1795 年）

高 13 厘米

此壶盖钮描金为饰，通体施绿釉，腹、壶把及壶口均绘缠枝莲纹，口沿下为一圈如意纹，近底部饰仰莲一周。造型规整，纹饰华丽，色彩鲜艳，底书红彩"大清乾隆年制"六字三行篆书款。

195

粉彩锦上添花炉钧釉象耳转心瓶

清乾隆（1736～1795年）

高 40 厘米

瓶颈部和足部为胭脂红地，绘缠枝花卉纹，器
身施炉钧釉。底书青花"大清乾隆年制"六字
三行篆书款。转心瓶为乾隆时期新创之器，
颈、腹、座分别烧制组合而成，内心与底座
粘烧在一起，套于腹部之内。颈、腹可以围绕
内心作360°旋转，故曰"转心瓶"。各部分
可拆可装，造型复杂，工艺精巧，为乾隆时期
高超制瓷技术的典型代表。

196

粉彩花卉纹大缸

清乾隆（1736 ~ 1795 年）

口径 65 厘米

缸外壁绘各式花卉纹，菊花、牡丹、芙蓉等枝
蔓翻卷。花叶娇娆可爱。该缸器形硕大，饱满
浑厚，装饰繁复华丽，笔触灵动，颜色鲜艳华
贵，风格典雅，为乾隆时期宫廷陈设大器。

197

粉彩山水诗文笔筒

清乾隆（1736～1795年）
高 7.5 厘米

笔筒作四方形，饰山水、
书诗文，底书红彩"乾隆
年制"四字篆书款。

198

酱地褐彩山水笔筒

清乾隆（1736～1795年）
高 8.2 厘米

酱彩装饰，绘山水图案。
底书红彩"大清乾隆年制"
六字三行篆书款。

199

墨彩诗文笔筒

清乾隆（1736～1795年）
高 9 厘米

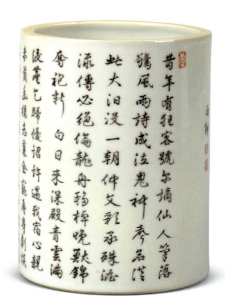

200

木纹釉开光笔筒

清乾隆（1736 ～ 1795 年）
高 8.5 厘米

通体施仿木纹釉，莹润光
亮，长方形开光内饰花纹并
题字。

201

墨彩诗文笔筒

清乾隆（1736 ～ 1795 年）
高 12 厘米

202

粉彩瓷雕鸭

清乾隆（1736 ～ 1795 年）

高 14 厘米

瓷鸭昂首伏卧，张口卷舌，一翅扬起，尾羽上翘。通体白色，双翅及尾羽为淡灰色，喙及双蹼为黄色，并以黑色点睛，头、颈及腹下划出羽毛纹，背、双翅及尾羽雕翎羽，是乾隆时期御窑厂烧造的仿生瓷雕精品之一。

203

粉彩瓷雕鸭

清乾隆（1736 ～ 1795 年）
长 21 厘米

瓷鸭卧式，身体肥硕，口部微张，向左侧首，一
翼微张，一翼服帖于躯身之上，尾巴上翘，羽翅
叠叠重重，层次分明，全身绒毛均细致刻划，工
艺细腻。

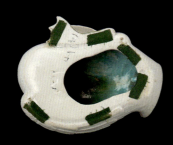

204

粉彩观音菩萨坐像

清乾隆（1736 ～ 1795 年）
高 52 厘米

菩萨螺发，两耳垂肩，身着长
袍，胸挂璎珞，手持经卷，赤
脚于地，柳叶眉垂目，面目慈
祥端庄，长袍施白釉，暗刻缠
枝莲纹，领口袖口以缠枝花卉
纹描金，长裙施白釉以浅绿釉
描蝙蝠祥云纹饰，卧坐于莲花
台上。

粉彩佛塔（一对）

清乾隆（1736 ～ 1795 年）

高 49.5 厘米

此塔为藏传佛教的佛塔样式，顶饰
如意宝瓶，下为粉色地宝盖。宝盖
下是十三相轮，象征佛教十三重天。
十三相轮及塔身均施黄色釉地，上
饰花卉纹。塔身内空，一侧开门，
内可放置佛像。最下是粉彩须弥方
座，饰有缠枝、番莲等图案。塔座
内空，可放置佛经。

206

豆青釉题诗双耳壁瓶

清乾隆（1736 ～ 1795 年）
高 18.8 厘米

此瓶侧附对称的双耳，白胎细腻坚致，釉面莹润光亮，瓶面题诗。豆青是宋代龙泉青釉派生釉色之一，釉色为青中泛黄。壁瓶是一种陈设用瓷，瓶体一面随形鼓起，另一面平坦，宜于挂在墙上，故名。

207

粉红地粉彩花卉纹碗（一对）

清嘉庆（1796 ～ 1820 年）
口径 22.6 厘米

粉红地上饰粉彩花卉纹，寓意福寿万年。底书红彩"大清嘉庆年制"六字三行篆书款。

208

黄地粉彩八宝纹盘（一对）

清嘉庆（1796～1820 年）
口径 8 厘米

黄地粉彩装饰，饰佛教八宝。八宝亦称八吉祥，是佛家常用象征吉祥的八件宝物为题材的纹饰，分别为法轮、法螺、宝伞、白盖、莲花、宝瓶、金鱼、盘长，由西藏喇嘛教流传而来。外底书红彩"大清嘉庆年制"六字三行篆书款。

209

黄地粉彩开光御题诗茶壶

清嘉庆（1796～1820 年）
高 16 厘米

黄地粉彩装饰，饰花卉纹，开光内书御题诗。外底书红彩"大清嘉庆年制"六字三行篆书款。

210

粉彩江西十景套碗（一套）

清嘉庆（1796～1820 年）

口径 14 厘米

套碗以江南景致为题材，清新婉约。此式景致名胜题材晚清以来备受关注，许之衡《饮流斋说瓷》曾提及："嘉道之间所画楼台之画书有地名者，大约绘西湖景为多，绘庐山十景者亦有之。"其中庐山十景者依清宫文献所载，分别为"庐山瀑布""麻姑仙坛""百花春晓""徐亭烟柳""上清胜境""西山叠翠""浔阳九派""滕阁高风""庚岭积雪""南浦飞云"。每件碗外底均书红彩"大清嘉庆年制"六字三行篆书款。

211

粉彩缠枝莲托八宝纹五供（一套）

清嘉庆（1796～1820年）

高 30 厘米

五供由花觚一对、烛台一对及香炉一件组成，
为佛前供器。香炉的内壁与圈足内施松石绿釉，
外壁绘朵花纹。器腹主体纹饰以八宝纹和西番
莲为主，并配以朵花纹点缀。每件供器均以红
彩书写"大清嘉庆年制"六字篆书款。

胭脂红地粉彩石榴纹瓶

清嘉庆（1796～1820年）

高 34.5 厘米

此瓶白胎，细腻坚致。颈部和近底处为胭脂红地粉彩番莲纹。自上而下以如意云头纹分隔三层纹饰，上下均为红地绘番莲纹，中间白地粉彩石榴、洞石、灵芝纹。石榴"千房同膜，千子如一"，具有多子多福、子孙满堂的吉祥寓意。瓶外底书红彩"大清嘉庆年制"六字三行篆书款。

213

松石绿地粉彩开光职贡图花盆

清嘉庆（1796～1820年）
高22厘米

花盆作十二棱式，通体施松石绿釉，纹饰分二层，二十四开光以金彩描边，内绘西洋人物职贡图。外底书红彩"大清嘉庆年制"六字三行篆书款。"职贡图"是展示外国及中国境内各民族向中原王朝进贡的图画。中国古代王朝一直以天下中心自居，将周边民族或国外都视为外藩臣属，它们与中国的交往都是对"天朝"的职贡。职贡图以描绘人物的衣冠形貌为主，并注重对人物表情的刻画。

紫檀镂雕团寿花卉嵌粉彩
福禄寿三星三联座屏

清乾隆（1736 ~ 1795 年）
高 60.5 厘米，长 69 厘米

福禄寿三星是瓷器中较为常见的题材，三位
神灵为道教的创立人物，司人间福寿利禄。
紫檀为框，主题纹饰为镂雕夔龙捧寿，座饰
双层莲瓣纹，下承如意足。屏分三面，倭角
方形开光内嵌瓷板，中央瓷板绘福禄寿三星
童子图，青松郁郁，浪花翻腾，仙鹤悠悠，
灵鹿侧伴，院落之中三星齐聚，一群童子围
绕嬉戏，人物神采奕奕，场景祥和热烈，两
侧瓷板皆绘仙鹤图，相映成趣。绘画章法讲
究，点染皴擦兼施，用笔一丝不苟，有祈福
祝寿之意。

珐琅彩

珐琅彩初创于康熙晚期，盛烧于雍正、乾隆时期，大多是盘、壶、盒、碗等小件器，专作宫廷皇帝、妃嫔玩赏和宗教、祭祀的供器之用。珐琅彩虽生产历史很短，却各朝特色鲜明。康熙珐琅彩瓷器因处初创阶段，具有类似铜胎画珐琅的艺术效果；雍正元年熟炼珐琅料九种，这一时期彩料更为丰富，启用宫廷画家，珐琅彩瓷形成诗、书、画、印融为一体的中国艺术风格；乾隆时期珐琅彩瓷样式更为新颖多样，吸取了欧洲绘画的透视技法用于珐琅彩瓷画之上，色彩华丽，风格独特。珐琅彩不是中国的传统彩料，而是从外国引入的。珐琅彩的引入对康熙以后粉彩的发展有相当大的影响。

黄地珐琅彩花卉纹碗

清康熙（1662 ~ 1722 年）

口径 14.2 厘米

此碗外壁以黄彩为地，上以胭脂红、粉蓝、粉紫、
粉白及浅绿珐琅彩绘花卉纹，包括月季、菊花及
萱草，配以葱翠枝叶，色彩绚丽斑斓，姹紫嫣红。
外底书胭脂红料双方框"康熙御制"四字楷书款。

珐琅彩月季海棠纹碗

清雍正（1723 ～ 1735 年）
口径 12.7 厘米

碗胎体轻薄，内壁光素无纹，
外壁绘嫩黄色月季和粉红海
棠，诗题朱庆余的《题蔷薇
花》："粉着蜂须腻，光凝
蝶翅明"，上题"佳丽"迎
首章，下钤"金成""旭映"
红料印，外底书蓝料双方框
"雍正年制"楷书款。

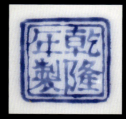

何　逐　敷　起　雨　那　葳　袖
迎　歌　宿　　經　　蕤　垂
風

218

蓝地珐琅彩花卉"万寿长春"碗

清雍正（1723～1735年）

口径 11.7 厘米

碗内平素无纹，外壁以蓝色为地，彩绘四朵牡丹，每朵上托一篆书分别写"万寿长春"四字。底书青花双方框"雍正御制"楷书款。

219

胭脂红地珐琅彩九秋纹盘

清乾隆（1736～1795年）

口径 15 厘米

盘内光素无纹，外壁施红地彩绘四季花卉，寓意"九秋同庆"。底书蓝彩"乾隆年制"四字楷书款。

220

珐琅彩梅竹纹诗句盘

清雍正（1723 ~ 1735 年）

口径 17.2 厘米

盘胎体薄，纹饰为淡红梅花及其
花萼，以及竹叶上以透明淡绿彩
描绘的叶脉。梅枝主干由器足往
上伸，攀越口沿进入盘内，其中
一枝再翻过口沿回到外壁。右上
空白处书"芳蕊经时雪里开"以
及胭脂红料印"佳丽""寿古""香
清"，底书蓝料双方框"雍正年制"。

第二章

家 具

家具

明清家具是中国家具史上最具华彩的篇章，它的设计风格是中国历来各类设计中的经典；它积累了文人的幽雅气质，能工巧匠的精美工艺；它有着集古代榫卯构造之大成而产生的架式形体，以及独运匠心的造型设计。它追求自然和谐之美感，天人合一之境界。

明人文震亨在《长物志》中提出家具的陈设与设计的基本准则，"几榻有度，器具有式，位置有定，贵在精而便，简而裁，巧而自然"。文人雅士于诗书案牍、偃仰坐卧之间体会怡然自得的思想境界和宁静淡泊的精神状态。

黄花梨圆角柜

清（1644～1911 年）
高 151 厘米，宽 85 厘米，深 50 厘米

长方型柜帽，柜四框和腿足各
用一根圆木做成，柜下两门以
门轴做法，柜门一侧两端延伸
成轴头，置于柜帽下和门下外
伸底枨上之凹窝，形成活动门，
无须铜活合页。门框内镶独板
柜门，内开三层格，设抽屉两
具，中央活栓杆，铜方条面页，
底直素牙条，侧脚收分。此圆
角柜线条简单利落，无铜合页
之木轴门，为中式传统家具最
具代表性形制之一。榫卯结构
运用灵巧，于明、清代广为使
用于柜子上。

222

黄花梨玫瑰椅（一对）

明末清初
高 88 厘米，宽 59.2 厘米，深 45.1 厘米

靠背空档内装壶门券口牙，带回纹雕饰的拱门
形牙子沿边起线，嵌入搭脑及后腿上截的槽口，
下方出榫纳入方材横枨，枨子与椅盘间施两根
矮老。两边扶手下装横枨与矮老。藤心座面。
座面下壶门式牙子沿边起线，雕饰优美的卷草
纹。圆腿间安步步高赶枨。

223

黄花梨独板平头案

清（1644～1911年）
高84厘米，长218厘米，宽64厘米

案面为黄花梨长条形独板，边
抹冰盘沿素混压边线，牙头镂
成如意云头纹，周身光素，四
腿外面饰三条打洼皮条线，合
成双混面双边线。足间加横幅
枨，方直腿，造型稳重大方。
此案体形较大，做工精细，结构、
装饰为明式典型风格。

香江雅集

香港回归祖国20周年特展

黄花梨四出头官帽椅（一套四张）

明末清初
高 122 厘米，宽 59 厘米，深 47.4 厘米

成套的明官帽椅传世实属稀少。四张官帽椅靠背板弧度柔和自然，由同一块木料开出。搭脑造形弯弧有力，中成枕形，二端出头稍微上翘。扶手与座面间安联邦棍，鹅脖与扶手相交处有云纹角牙扶持。座面下装卷口牙，边缘起阳线。腿间步步高赶枨。此套官帽椅比例优美，雕工精细。

225

黄花梨夹头榫带屉板小平头案

明末清初
高 79 厘米，宽 89 厘米，深 42 厘米

此案窄而长，两端平头，四足间安屉板，
采用案形结体为常用的夹头榫，即四足在
顶端出榫，与案面底面的卯眼接合；腿足
上端开口，嵌加牙条及牙头，在结构上能
将案面的重量均匀传递到四足上来。在平
头案面之下不到一尺的地方，四足之间安
横枨，枨子里口打龙凤槽装屉板，形成平
头案的隔层。此类屉板，极少出现于大案
之上，多为小案装置。一是因为在四足等
高处开榫眼会影响其坚实程度，二是因为
即使装榫，榫子也宜小不宜大，无法多承
重物，三是考虑到就坐的舒适，大案之下
必须留出空间，而小案则不存在此类问题，
所以此类屉板只限于小案，且实例不多。
小平头案整体光素无饰，简约大方，是明
清家具以结构造型取胜的代表之作。

226

紫檀云纹牙头翘头案

清康熙（1662～1722年）
高 84.8 厘米，长 146 厘米，宽 35.9 厘米

案面边抹打槽嵌装独板面心，两端嵌入翘头，抹头边框与翘头同出一木。边抹冰盘沿上舒下敛。圆材腿足上端开口，嵌夹造型特殊的云纹牙头式牙条，以双榫纳入案面底部。两端脚足间各安一双圆材梯枨，中间嵌入双套环卡子花。

227

黄花梨直后背雕鹰石图交椅

明（1368～1644年）
高93.1厘米，宽56.5厘米，深55.3厘米

交椅又称"折叠椅"，多陈设于厅堂
的显著地位，亦可出游时携带。此交
椅黄花梨制，搭脑上拱，两端出头，
搭脑与椅腿间装券口，靠背板上端开
光透雕如意云头，下端铲地浮雕雄鹰
纹饰，券口和靠背板边缘起阳线。前
腿间加踏床。此交椅乘坐舒适，结构
合理，比例舒展，尤其是靠背和搭脑
的设计极具艺术功力。

228

黄花梨插肩榫绿纹石面
酒桌

明（1368～1644年）
高83.7厘米，长103.4厘米，宽52厘米

桌面为标准格角榫攒边，面心选
用纹理生动的绿石板，下装漆板。
抹头见透榫。边抹冰盘沿上舒下
敛，至底压双线脚。方材腿足沿
边起阳线，上端开口嵌夹造型精
巧，带透雕卷叶纹牙头的起线牙
条。牙头与牙条一木连做，并与
腿足表面平齐，牙条与腿足相交
处剔出槽口，以插肩榫嵌夹外皮
削出斜肩的腿足上截。桌脚间安
二根方材梯枨，足端踩珠花托。

黄花梨嵌桦木瘿圆角柜

明末清初

高 173.5 厘米，宽 86.5 厘米，深 44.5 厘米

平素面柜门，柜门对开门。两腿间安直牙条，方脚直足。此柜全素身，几
无雕饰，突显黄花梨材质之美。柜帽及各处的转角都为圆角，整体材料都
为圆料制作，四角、四框都有圆。方中带圆的结构，突显圆润中的力量。

230

黄花梨圈椅（一套四张）

晚明
高 98.5 厘米，宽 64.7 厘米，深 59.2 厘米

弧形椅圈，曲线形靠背板，扶手外
拐，联帮棍为镰刀把式，座面藤屉，
腿间安步步高赶枨。

231

黄花梨篾网面长方凳（一对）

19 世纪

长 58.5 厘米，宽 47.5 厘米，高 48 厘米

座面四角攒边框，镶篾网面心。腿间安罗
锅枨。面沿、腿足、罗锅枨均雕回纹作饰。
外翻马蹄足。

232

黄花梨十二屏风

清初
每屏高 321，宽 55 厘米，共宽 660 厘米

此十二扇围屏体积硕大，构思缜密。每扇分三部分，上下为透雕
福寿纹及螭龙纹绦环板，中部为纱面屏心，下为亮脚，直腿穿铜
靴。整器雕工精良，边框简洁有力，曲线婉转自然，刚柔并济。

233

黄花梨夹头榫酒桌

明末清初
高 82.3 厘米，宽 101.3 厘米，深 72.4 厘米

牙条与腿夹头榫结构，牙头处则落
堂镶板。两侧腿间装双横枨。四腿
微外撇。圆腿直足。此桌造型简练
素雅，为明式风格。

234

黄花梨棚架床

17 世纪
宽 218.4 厘米，深 132.1 厘米

床面上四角立柱，上安顶架，正面另加两根门柱，
有门围子与角柱连接，又名六柱床。床围子用短材
攒接成整齐的"卍"字纹。席心床面。束腰下饰壶
门曲边牙条，腿足内角线交圈。

结　语

今年是香港回归祖国二十周年，二十年的风雨历程印证了"一国两制"构想的伟大。内地与香港，唇齿相依的两地，深化交流与合作是大势所趋。在这或古朴典雅，或飘逸隽秀，或清新艳丽的精美瓷器与家具里，更为弥足珍贵的是隐藏在背后的收藏故事和对传统文化呵护的情怀。盛世收藏，美时美器，当我们欣赏、感叹、陶醉、徜徉于展览的同时，是否也对我们所处的时代多了几分感悟呢？